U0750964

丛书主编　张玉金

汉字与动物

刘志生　编著

暨南大學出版社
JINAN UNIVERSITY PRESS

中国·广州

图书在版编目（CIP）数据

汉字与动物/刘志生编著. —广州：暨南大学出版社，2015.12
（汉字中国）
ISBN 978 - 7 - 5668 - 1555 - 2

Ⅰ.①汉… Ⅱ.①刘… Ⅲ.①汉字—基本知识 Ⅳ.①H12

中国版本图书馆 CIP 数据核字（2015）第 159371 号

··

汉字与动物

编 著 者 刘志生

出 版 人 徐义雄
策划编辑 杜小陆 刘 晶
责任编辑 焦 婕
责任校对 王嘉涵
责任印制 汤慧君 周一丹
出版发行 暨南大学出版社（广州暨南大学 邮编：510630）
网 址 http://www.jnupress.com http://press.jnu.edu.cn
电 话 总编室（8620）85221601
营销部（8620）85225284 85228291 85228292（邮购）
排 版 广州良弓广告有限公司
印 刷 广东广州日报传媒股份有限公司印务分公司
开 本 850mm×1168mm 1/32
印 张 5.625
字 数 118 千
版 次 2015 年 12 月第 1 版
印 次 2015 年 12 月第 1 次
定 价 26.80 元
（暨大版图书如有印装质量问题，请与出版社总编室联系调换）

总　序

当人类从野蛮跨入文明，一些民族发明并使用了文字。如巴比伦人的楔形文字、埃及人的象形文字、玛雅人的图形文字等。我们的先人，同样也发明并使用了象形文字。

然而到了今天，其他几种古老的文字体系都消亡了，只有我们的汉字至今还存活着，并呈现出勃勃的生机。在可以预见的将来，它都不太可能被废弃。这是为什么？

传说汉字是四目的仓颉所造的。他创造文字之后，"天雨粟，鬼夜哭"，真是惊天地、泣鬼神的壮举。即使在今天，还有人把汉字的创造看成是中国人的第五大发明。的确，汉字对中华民族的贡献，怎样评价都不过分。

汉字具有超时代性，使我们后人很容易继承先人所创造的伟大文明。中华民族生生不息，中华文明薪火相传，绵延不绝。汉字居功至伟。

汉字具有超地域性，使得居于不同地域、操不同方言的人们能顺利交流，维系着我们国家的统一和民族的团结。汉字功不可没……

汉字身上，蕴藏着无穷无尽的奥秘，等待着我们去探究。

　　然而以往对汉字的研究，多是就汉字研究汉字，如研究汉字的本义和形体结构，探究汉字的起源、发展、结构等。有时就汉语研究汉字，探讨汉字与汉语的关系。

　　近些年来，一些学者开始研究汉字自身所具有的文化意义，探讨汉字与中国文化的关系。

　　但是，到目前为止还没有人从中国文化生态系统的角度来研究汉字。本丛书就是从中国文化生态系统的角度来研究汉字的。

　　所谓中国文化生态系统是指由影响中国文化产生和发展的自然环境、科学技术、经济体制、社会组织及价值观念等变量构成的完整体系。人类的活动是社会的主体，人类的文化创造可以划分为科学技术、经济体制、社会组织及价值观念四个层次，这些因素构成文化生态系统的结构模式。与自然环境最近、最直接的是科学技术一类智能文化；其次是经济体制、社会组织一类规范文化；最远是价值观念。对人类的社会化影响最近、最直接的是价值观念；其次是社会组织、经济体制；最远的是自然环境，它对人类社会化的影响是通过经济体制、社会组织及价值观念等中间变项来实现的。

　　汉字是一种文化现象，所以可以从中国文化生态系统的角度来研究汉字。把汉字与中国文化生态系统联系起来，考察汉字所赖以产生的整个文化生态系统及其对汉字的影响，考察汉字中蕴含的中国社会结构、经济土壤、文化系统和自然环境等各方面的信息。

　　本丛书的创新点，不是仅就汉字论汉字、仅就汉语论汉字，也不是仅就中国文化来论汉字，而是联系它所赖以产生的整个文化生态系统，从而达到对汉字的更为深入全面的剖析。

　　本丛书从汉字与人、汉字与社会、汉字与经济、汉字与文化、汉字与自然五个大的角度来研究汉字，共提出 39 个研究子课题，每个子课题都写成一本小书。这些子课题如下：

　　一、人：汉字与人体。

　　二、社会：汉字与婚姻家庭、汉字与宗法、汉字与职官、汉字与战争、汉字与汉语。

　　三、经济：汉字与农业、汉字与渔猎、汉字与手工业、汉字与贸易。

　　四、文化：

　　（一）物质文化：汉字与饮食、汉字与服饰、汉字与建筑、汉字与交通、汉字与玉石、汉字与文房四宝。

　　（二）制度文化：汉字与刑法、汉字与度量衡。

　　（三）精神文化：汉字与乐舞、汉字与书法艺术、汉字与神话、汉字与对联、汉字与数目、汉字与医疗、汉字与色彩、汉字与经典。

　　（四）心理文化：汉字与民俗、汉字与姓名、汉字与避讳、汉字与测字、汉字与字谜、汉字与宗教、汉字与道德、汉字与审美、汉字与思维。

　　五、自然：汉字与植物、汉字与动物、汉字与地理、汉字与天文。

　　本丛书的读者对象是具有高中及以上学历的学生和一般国人，也包括学习汉语汉字的海外华人、外国学生和一般外国人。

　　全面揭示汉字所蕴含的中国文化生态系统信息，可以让普通民众和大中学生对我们天天使用的汉字有更为深入的了解，有利于提高基础教育和高等教育的水平，有利于提高中华民族的科学文化水平；还可以让学习汉语的外国学生和一般外国人对汉字及其背后的文化生态系统，特别是两者的关联有更多的了解，这有利于汉字汉语汉文化走向世界。

张玉金

2014. 12

前　言

中华民族常常引以为傲的是，我们拥有悠久的历史和灿烂的文明，而汉字就是其中最大的贡献者。

众所周知，世界是由很多的民族组成的，几乎每一个民族都有自己的文字。可以说世界上有多少个民族，就有多少种文字。世界上的众多文字基本上可以分成两大类，那就是拼音文字体系和表意文字体系，而汉字是世界上唯一使用至今的表意文字。现在能看到而又能认读的最早的汉字，是在清朝末期发现的出土于商朝都城废墟里的甲骨文，距今已有 3 000 多年，而甲骨文已是相当成熟、系统的汉字了。可以说，世界上没有一种文字能像汉字那样历尽沧桑却青春永驻。例如，同样是隶属表意文字的 5 000 年前古埃及的圣书字，也是人类最早的文字之一，但它后来消亡了，有记载的古埃及文化也随之被深深地尘封起来了。还有苏美尔人的楔形文字也有 5 000 年的历史，但在公元 330 年后也消亡了。相比之下汉字却能长盛不衰，至今屹立于世界文字之林，并且随着中国经济的发展和国际地位的不断提升而不断地得以发展，影响也越来越大，不能不说是一大奇迹。那么，这么神奇的汉字究竟是怎么来的呢？关于汉字的起源，可谓众说纷纭，诸如：

结绳说，认为汉字起源于上古的结绳记事。战国时期的重要著作《周易·系辞下》中说："上古结绳而治，后世圣人易之以书契。"汉朝人郑玄在其《周易注》中说："古者无文字，结绳为约，事大，大结其绳；事小，小结其绳。"李鼎祚在《周易集解》中引《九家易》也说："古者无文字，其有约誓之事，事大，大其绳，事小，小其绳。结之多少，随物众寡，各执以相考，亦足以相治也。"

契刻说，认为汉字起源于上古的契刻记事。上古契刻的主要目的是记录数目。汉朝刘熙在《释名·释书契》中说："契，刻也，刻识其数也。"意思是说契就是刻，契刻的目的是帮助人们记忆数目。因为人们订立契约关系时，数目是最重要的，也是最容易引起争端的。于是，人们就用契刻的方法，用一定的线条作符号表数目，刻在竹片或木片上，作为双方的"契约"。

仓颉造字说，认为汉字是仓颉创造的。《荀子·解蔽》记载："古者好书者众矣，而仓颉独传者，壹也。"《吕氏春秋》也记载："奚仲作车，仓颉作书。"说仓颉看见一名天神，相貌奇特，面孔长得好像一幅绘有文字的画，仓颉便描摹他的形象，创造了文字。有的古书说，仓颉创造出文字后，由于泄漏了天机，天上落下了粟米，鬼神在夜晚啼哭。还有一种传说，说仓颉观察了鸟兽印在泥土上的脚印，从而启发他发明了文字。

图画说，认为汉字起源于图画。唐兰先生在《中国文字学》

中说："文字的产生，本是很自然的，几万年前旧石器时代的人类，已经有很好的绘画，这些画大抵是动物和人像，这是文字的前驱。"还说："文字本于图画，最初的文字是可以读出来的图画，但图画却不一定都能读。后来，文字跟图画渐渐分歧，差别逐渐显著，文字不再是图画的，而是书写的。而书写的技术不需要逼真的描绘，只要把特点写出来，大致不错，使人能认识就够了。"这就是原始的文字。

关于这种种汉字起源的传说，尽管莫衷一是，但可以明确的是，汉字不可能是一人一时一地创造出来的，汉字就是广大汉民族的祖先在生产、劳动、生活的过程中，根据实际的需要，经过长期的社会实践慢慢地丰富和发展起来的，是汉民族先人集体长期累积的结果。其实质是汉民族先民将自己的思维方式、生活经验与感悟、礼仪民俗、生产实践等诸多方面通过汉字形体表达出来。因此，我们也就可以反过来从汉字形体中寻觅出中国古代物质的、心理的、精神生活方面的种种踪迹。汉字就是中国文化的一个投影，是存储有关汉民族社会生活、自然环境等方面信息的一个重要载体，从而使我们可以完全通过对汉字形体的分析，找寻出汉字所承载的中国文化。本书正是试图通过与动物有关的汉字，努力从一个方面来揭示汉字与中国传统文化的关系。

众所周知，动物在人类生活中起着非常重要的作用。如果从进化的历史来看，各类动物都比人类出现得早，人类是动物进化的最高级阶段，从这个意义上说，没有动物就不可能有人类。与此同时，古代类人猿进化成人类以后，人类生活所需要的一切都直接或间接地与动物有关，离开了动物，人类也就无法很好地生存和生活。因此，动物不仅为人类的生活提供了丰富的物质资源，还为人类的健康作出了无私的奉献，是人类健康的忠诚卫士。本书就是试图抓住跟我们汉民族日常生活息息相关的与动物有关的汉字，尽可能比较全面地揭示这些汉字所反映出的汉民族对这些动物所寄予的种种情感、想象、希冀、祈求和愿望，显示出这些汉字所沉淀着的中华民族特有的社会心理、思想观念、历史文化、民族精神等，使我们得以从某个侧面来透视中国汉字文化所独具的无限魅力和博大精深。

但愿这本小书能让读者诸君在领略汉字这个中国历史文化的"活化石"所蕴含的无限魅力的同时，也能从另一方面体会到汉字的欣赏性和趣味性特点，以及它给我们的生活所带来的些许愉悦和启迪！

另外，需要说明的是，因时间关系，书中部分图片未能联系上相关作者，如有疑虑，敬请联系暨南大学出版社解决。

目 录

一、生肖类动物与相关汉字

鼠

鼠 shǔ 常称为老鼠，有的地区叫耗子。鼠的甲骨文写作◆，为象形字，像一只小老鼠张着嘴在咬东西，文字形体突出老鼠的利齿、前后爪和尾巴；小篆写作◆，其形体从商朝到秦朝历经 1 000 多年的演变、发展，在秦朝小篆中"鼠"字已趋向符号线条化，鼠的形象已不明显了。中国古代文献对鼠是这样描述的，如《说文解字·鼠部》："鼠，穴虫之总名也。象形。"这是说鼠是个部首字，所以汉字字典的"鼠"部下罗列有表示各种鼠的字。《汉书·五行志（中之上)》："鼠，盗窃小虫，夜出昼匿。"《本草纲目》："此即人家常鼠也。以其尖喙善穴，故南阳人谓之鼹鼠。其寿最长，故俗称老鼠。其性疑而不果，故曰首鼠。岭南人食而讳之，谓为家鹿。"我国南方的一些地方还以鼠作为食物，民间有"一鼠顶三鸡"的说法。

鼠在中文里别名为老鼠、耗子、首鼠、家鹿、灰八爷等。老鼠是一种啮齿类动物，其体形大小不一。鼠属于哺乳动物的一科，门齿能终生持续不停地生长，因此必须经常地借助啃啮东西来磨短它。老鼠的体形虽然比较小，尾巴却很长。鼠的毛一般呈黑色，有极强的繁殖能力。广东地区常见的家栖鼠主要有褐家鼠、黄胸鼠和小家鼠三种；野鼠主要是黄毛鼠，又称罗赛鼠、田鼠。老鼠也是现存最原始的哺乳动物之一，可能在恐龙时代就已经出现。它们的生命力旺盛、数量极多且繁殖速度极快，适应能力强，几乎不择食物、不择居住环境。所以，鼠象征着顽强的生命力。

鼠在中国传统文化中扮演着非常重要的角色。首先鼠是十二生肖之一，因此老鼠虽小，却属子时，在十二生肖中居于首位。传说老鼠在十二生肖排名赛中，是趴在牛背上前去报名从而最后争得第一的，这说明老鼠是一种灵活而机智善变的动物。因此，中国古代民间流传着老鼠是天鼠的传说。

鼠还一直活跃在中国戏剧舞台上，形成了独具中国特色的"鼠戏"。鼠戏饶有风趣，如宋代的《五鼠闹东京》家喻户晓，给人们留下了深刻的印象。民间艺人们表演的鼠戏，如东晋时期有"老鼠推磨"、"老鼠荡秋千"等鼠戏表演，更是让人叹为观止。

到了清代，鼠戏更为盛行。那时候的艺人们身背木箱，走街串巷，箱内装有鼠匣，箱上扎着个彩漆木制的小舞台，艺人口中唱着俚曲，手里敲着锣鼓，热闹异常，给人们带来了许多的欢乐。

鼠也是我国古代诗人喜欢刻画的对象，在中国古代诗歌中，就有许多咏唱老鼠的"鼠诗"，早期如《诗经》中的《硕鼠》："硕鼠硕鼠，无食我黍！三岁贯女，莫我肯顾。"这里把大老鼠比作剥削者。其他如唐代杜甫的"鸱鸟鸣黄桑，野鼠拱乱穴"，唐代柳宗元的"草中狸鼠足为患，一夕十顾惊且伤"，唐代刘禹锡的"忽闻饥鸟一噪聚，瞥下云中争腐鼠"，宋代陆游的"贾勇遂能空鼠穴，策勋何止履胡肠"等等。

鼠还是画家们喜爱描绘的对象。如我国国画大师齐白石笔下的老鼠形象可谓气韵生动，形神兼备。他所画的《老鼠与油灯火》构图简洁，形象非常鲜明，左边绘有一盏油灯，油芯上的火焰好像被微风吹拂着，而画的右下角则是一只老鼠，形简意足，把老鼠灵活机智、小巧可爱的一面刻画得淋漓尽致。当然，这很可能就取材自我国民间广为流传的《小老鼠上灯台》的童谣。

在中国，有关老鼠的民间故事也很多，最有名的是"老鼠娶亲"、"老鼠嫁女"。有的地方还在正月二十五晚上过"老鼠嫁女节"。这天晚上，家家户户都熄了灯，全家人坐在炕头上，静静地摸黑吃着用面粉制作的"老鼠爪爪"等各种食品，尽量不出声，尽量为老鼠嫁女提供便利，以免得罪了老鼠，给来年带来灾难和不幸。

老鼠也成了众多中国艺人创作年画的题材，深受广大民众喜爱。老鼠是一种令人讨厌、有害而又机灵的小动物，其形象经常出现在古代文学作品里，既有涉及情爱的，也有关乎憎恨的。例如《聊斋志异》中的"阿纤"篇是写人鼠恋爱的，《十五贯》中的娄阿鼠是鼠窃、杀人犯，《西游记》中写无底洞的老鼠精逼唐僧成亲，《水浒传》中的"白日鼠"白胜是108将之一，《三侠五义》中大闹东京的钻天鼠卢芳、锦毛鼠白玉堂、穿山鼠徐庆等"五鼠"更是侠义之士，深受广大读者的喜爱。

汉语里还有很多用"鼠"组成的成语，但大多为贬义，如：目光如鼠、鼠目寸光、鼠心狼肺、贼眉鼠眼、獐头鼠目、无名鼠辈、抱头鼠窜、胆小如鼠、进退首鼠。有关的谚语有：龙生龙，凤生凤，老鼠生儿打地洞；老鼠留不住隔夜粮；老鼠过街，人人喊打；一粒老鼠屎，坏了一锅汤。与鼠有关的歇后语有：老鼠上秤钩——自称自；鼠摆尾巴——小玩意儿；老鼠看天——小见识；捂着脑袋赶老鼠——抱头鼠窜；风箱里的老鼠——两头受气；老鼠掉进米缸里——因祸得福；出洞的老鼠——东张西望；掉在油缸里的老鼠——滑头滑脑；耗子戴眼镜——鼠目寸光。

牛

牛 niú　　"牛"的甲骨文、金文和小篆分别写作 Ψ、Ψ、半。甲骨文形体是象形字，就像牛头的形象，两侧向上弯的部分就是牛角，牛角之下左右向上延伸的两笔是牛的耳朵。金文形体大体与甲骨文形体相同，只是将牛耳拉平成了一条横线。小篆类似于金文形体。中国古代典籍是这样描写牛的，如《说文解字·牛部》："牛，大牲也。"即牛是人类驯养的大型家畜。《说文解字·牛部》段玉裁注："牛任耕，理也者。"《史记·律书》："牛者，耕植种万物也。"《易经·说卦》有"坤为牛"之句，惠栋述引郑注云："牛，畜之任重者也。"

牛为牛亚科下的一个族，属哺乳动物，草食性反刍家畜。牛体形粗壮，部分公牛头部长有一对角，身体高大，尾巴尖端有长长的毛。牛起源于中新世，是由原古鹿类分化出的一支混杂而进步的支系，很多牛科动物的化石在我国的上新世和更新世的地层中被发现，包括原始牛、水牛、野牛、羚羊和转角羚羊等。

在中国传统文化中，牛具有很多的象征意义。例如牛象征着勤劳、憨厚、吃苦耐劳，正如鲁迅所说，"吃的是草，挤出的是奶，血"。文学家王安石的《耕牛》诗赞美牛说："朝耕草茫茫，暮耕水潺潺。朝耕及露下，暮耕连月出。自无一毛利，主有千箱实。睆彼天上星，空名岂余匹。"

在广大的中国农村，家牛是重要的耕作牲畜，和农业生产的联系非常紧密。因此，有些地方的农民在每年春天开始耕作前都会组织一些与家牛有关的活动、仪式，以此希望来年能获得好的收成。尽管在当今社会，牛耕犁这一重要任务基本上已经被大机器生产所取代，但鲁迅先生"俯首甘为孺子牛"的名句至今被人们传诵，充分显现了牛在中国人心目中的地位和形象。例如在中国农村，劳动人民在兴修水利时，常常会将石牛或铜牛投入江河之中来镇水，以此希望能阻止洪水的出现和泛滥。

中国人民对牛充满了崇敬，一直以来都把牛奉若神明，所以牛王也就成了我国民间崇拜的诸多对象之一，也被称为牛神、牛王菩萨。关于牛王的传说，民间主要有三种说法：一说是孔子的弟子冉伯牛借牛字附会而成；一说是秦朝的一棵大树所化；一说是汉代的渤海太守龚遂化为牛王大帝，因他改传玉皇大帝圣旨令民间"三日一餐"为"一日三餐"，触怒了玉皇大帝，牛王就请求转生为牛，为百姓拉犁。

又因为牛身体壮硕，很容易把它与力量联系起来，因此许多体育俱乐部或体育比赛就采用它作为自己的队名、队标或吉祥物。牛也常被我国艺术家作为创作的对象，比如现存最早的纸本中国画就是唐代的《五牛图》，中国田园题材的油画中也常常出现家牛形象。在中国传统文化中，牛还是中国姓氏之一；它还是星宿名，二十八宿之一，其在时间上，正处鸡叫三遍之时，即一点至三点，处地支第二位，故称之为丑；牛也是中国的十二生肖之一，排名第二。

我国有关"牛"的古诗要数明朝高启的《牧牛词》最为著名："尔牛角弯环，我牛尾秃速，共拈短笛与长鞭，南陇东冈去相逐。日斜草远牛行迟，牛劳牛饥惟我知；牛上唱歌牛下坐，夜归还向牛边卧。长年牧牛百不忧，但恐输租卖我牛。"

长期以来，人们用"牛"组成了大量的歇后语，成了汉语里一道绝美的风景，当然也从一个侧面反映出牛在中国人心目中的重要地位，如：老牛追兔子——有劲使不上；牛吃卷心菜——各人心中爱；把牛角安在驴头上——四不像；好花插在牛屎上——真可惜；红头苍蝇叮牛屎——臭味相投；胡萝卜拴牛——跟着跑；黄牛打架——死顶；黄牛犁地——有劲慢慢使（比喻有计划地发挥作用）；九牛爬坡——个个出力（比喻人多而齐心协力，

劲往一处使）；九牛一毛——微不足道（比喻小得不值一提）；老牛拉车——埋头苦干；老牛走路——不慌不忙；老鼠钻进了牛角——越往后越紧（比喻越来越不宽裕）；兔子当牛使——乱套了；牛背上放马鞍——乱套了；牛鼻子上的跳蚤——自高自大；牛身上拔根毛——无伤大体（比喻不损害到整体）；杀鸡用牛刀——小题大做（比喻把小事当作大事来处理，含有不值得的意思）；一根牛毛破八瓣——分得真细；硬牛皮——看你咋吹。这些歇后语或利用谐音，或利用推理，或褒或贬，语言幽默生动，把某个抽象的道理、现象等形象地展现在我们面前。

虎

虎 hǔ 兽名，甲骨文、金文和小篆分别写作 <g/>、<g/>、<g/>。"虎"的甲骨文为象形字，像头部朝上、尾巴朝下、腿朝左的一只老虎，躯干有花纹。金文，还是像虎的形象。小篆象形意味减弱。中国古代文献对虎是这样描述的，《说文解字·虎部》："虎，山兽之君。"《论衡·遭虎篇》："夫虎，山林之兽，不狎之物也。"说明中国古代把虎视为兽中之王。《易经·乾·文言》："风

从虎。"孔颖达疏:"虎是威猛之兽。"《战国策·秦策
二》:"虎者,戾虫。"《风俗通义·祀典》:"虎者,阳
物,百兽之长也。"

虎,在汉语里又俗称老虎、大虫或山猫。它的外形如猫,锯
牙钩爪,胡须坚硬而尖,舌头有手掌一般大。虎舌长有倒刺,颈
项比较短。老虎的听觉和嗅觉都非常灵敏。老虎的吼声洪亮,有
如雷鸣一般,百兽因之畏惧。它除了具有庞大的体形与有力的肌
肉之外,最显著的特征就是在白色及橘红色的毛皮上有黑色垂直
的条纹。虎生性凶猛,力气相当大,通常在夜间出来捕食鸟兽,
有百兽之王的美称。我国已经基本能够确定有东北虎、华南虎、
东南亚虎和孟加拉虎4个亚种,是全世界拥有老虎亚种最多的国
家,但据统计,目前东北虎仅有470只,而华南虎已经不足25
只。因此,对虎的保护已刻不容缓。

在中国,虎的形象随处可见,早在殷墟甲骨文中就有虎字,
现代汉字中的"虎"字形体就很像一只虎。据说汉字中的"王"
就来自于老虎前额上的斑纹,因虎有王者风范而得字意。

虎一直受到汉民族的崇拜、喜爱,在中国人心目中,老虎就
是正义、勇猛、威严的象征。对虎的崇拜应源自先人对虎的图腾
崇拜。例如,虎就是纳西族的图腾之一,其地名就有不少与虎有
关,诸如今天的泸沽湖古称"喇踏海"或"喇踏湖",其意即
"虎湖";"干木山"古称"喇踏寨山",意即"虎山"等等。据

考证，虎的形象在古羌戎族也出现过，但在我国西南地区最为流行。新石器时代良渚文化中的玉琮的兽面和殷商青铜器上的兽面都与虎的形象相似，直到今天我国的彝族、白族、布依族、土家族等民族仍称虎是其祖先。汉代人则把虎看作是百兽之王。自汉代以后虎一直是我国劳动人民喜爱的保护神，经过漫长的历史演化与发展，推崇老虎已成为中华民族共同的文化观念。

虎在十二生肖中列第三位，东汉《论衡·物势》称之为"寅"。按照阴阳五行之说，十二支中的寅和卯属木，"尹寅，木也，其禽虎也"。南朝陶弘景在其道教名著《真诰·翼真检》中说："有云寅兽白齿者，是虎牙也。……亦云寅客。"

虎是人们最熟悉的珍贵动物之一，它威武勇猛，彪悍强健，令人畏惧和崇敬。因其眼部的上方有一个白色块，所以人们常称之为"吊睛白额猛虎"，再加上其前额的黑纹酷似汉字中的"王"字，使老虎显得更加尊贵孤傲。虎属阳兽，象征着雄性，因此古时又常以"虎"形制品，如"虎头帽"、"虎头鞋"、"虎头枕"等物件来镇祟避邪，保佑平安。我国古代还将其用作调兵遣将的凭信，称为"虎符"。

我国古代诗歌中描写"虎"的很多，通篇描写的就有唐朝诗人张籍的《猛虎行》："南山北山树冥冥，猛虎白日绕村行。向晚一身当道食，山中麋鹿尽无声。年年养子在深谷，雌雄上山不相逐。谷中近窟有山村，长向村家取黄犊。五陵年少不敢射，空来林下看行迹。"

汉语中有很多与"虎"有关的词、成语等，并且有的成语中常常将虎和龙相提并论，这从一个侧面体现了"虎"在中国古代文化中的显著地位。成语如：虎背熊腰、虎头虎脑、虎口逃生、虎口拔牙、如虎添翼、虎头蛇尾、与虎谋皮、饿虎扑食、猛虎下山、生龙活虎、如狼似虎、狼吞虎咽、虎视眈眈、龙盘虎踞、藏龙卧虎、调虎离山、骑虎难下、虎落平原、谈虎色变、为虎作伥、放虎归山。与虎相关的谚语有：不入虎穴，焉得虎子；一山不容二虎；前怕狼，后怕虎；画虎不成反类犬；山中无老虎，猴子称大王；初生牛犊不怕虎。歇后语有：武松打虎——艺高胆大；老虎屁股——摸不得；老虎戴佛珠——假慈悲；老虎兜圈子——一回就够；老虎打瞌睡——机会难得；老虎头上捉虱子——不怕死/好心不得好报；老虎拉车——没人赶（敢）；老虎嘴上拔毛——找死/胆大包天；老虎爬树——没学这一招；老虎吃蚂蚁——不够塞牙缝；老虎入羊群——纵横莫当。这些与虎相关的俗语，有褒有贬，但无论是哪种感情色彩的词语，它们都与虎外形高大、性格勇猛凶狠的特点有关。

兔

兔 tù　动物名。甲骨文和小篆写作 🐇、兔。甲骨文
的"兔"是一象形字，就像一只善于奔跑的兔子，头朝
上，耳下垂，腹部朝左，有前后腿，下部有个向右弯曲
的小尾巴。小篆已方块化，看不出兔子的形状了。《说
文解字·兔部》："兔，兽名。象踞，后其尾形，兔头与
龟头同。"

兔，俗称兔子，是哺乳纲兔
形目全体动物的统称。兔有家养
和野生之区分。兔的总的特点是：
短短的尾巴，长长的耳朵，突出
的眼睛，头部略像老鼠，上嘴唇
的中央有一条裂缝，尾巴短且向
上翘起，后腿比前腿长，善于跳
跃、奔跑，听觉、嗅觉都很灵敏。
因此，兔子不但是其他食肉动物的重要食物来源，也是人们喜爱
猎取的动物。兔的经济价值非常高，既是人类美味的肉食来源，
又可提供优质的毛皮，还是医学及其他科学的实验动物。

兔是中国传统的十二生肖之一，是中国传统文化的重要组成部分，兔在十二生肖中排行第四，与十二地支配属"卯"，故为一天十二时辰中之卯时，因"卯"字状若半开之门，便以此借喻农夫推门出耕之时，又称"兔时"。

兔子在中国文化中还是仁慈、举止文雅、和蔼及爱美的象征。人们还认为兔子的寿命很长，能活到一百岁，是长寿吉祥之物。

在中国传统文化里，传说兔子是由天上的玉衡星散开而成。兔子因生性灵活机智，具有玲珑、温柔等特点，而成了吉利的象征，所以旧时山东一些地区的渔民有"兔塞怀"的习俗，即每年清明至谷雨，妻子送丈夫出海捕鱼时，就会把一只玉兔塞进丈夫的怀中，表示丈夫怀揣着吉祥、幸福，以祈求出海平安、捕鱼丰收。

中国民间还有月中白兔的故事。晋代傅玄《拟天问》有："月中何有？白兔捣药。"因此，后人就称月亮为玉兔，称月影为兔影。这些意义都在与兔相关的遣词造句中得以体现。如明朝谢承举的《白兔》："夜月丝千缕，秋风雪一团。神游苍玉阙，身在烂银盘。露下仙芝湿，香生月桂寒。姮娥如可问，欲乞万年丹。"

在汉语日常用语中，带有"兔"的词语往往带有懦弱的意思，而且经常代表月亮。根据兔子的特性，人们还创造了许多与之相关的成语，丰富了汉语言艺术的宝库，例如：兔死狐悲、守株待兔、狡兔三窟、兔死狗烹。除此之外还有大量的与兔相关的谚语、歇后语等，如：兔子不吃窝边草；不见兔子不撒鹰；老牛

追兔子——有劲使不上；兔子尾巴——长不了；见了兔子才放鹰——有利才出征（比喻对自己没利的事不干）；大年初一逮兔子——有它过年，无它也过年；八月十五捉兔子——有你过节，无你也过节（比喻无关大局）；

开着拖拉机撵兔子——有劲使不上（比喻有本事、才能，但因条件所限而施展不开）；老虎皮兔子胆——色厉内荏；兔子逼急了——还会咬人；兔子见了鹰——毛了；兔子生耗子——一窝不如一窝；兔子坐上虎皮椅——六神无主；兔子驾辕牛打套——乱套了；兔子成精——比老虎还厉害（比喻十分凶猛）；乌龟撵兔子——越赶越远。

龙

具体解释参见"四灵动物与相关汉字"部分。

蛇

　　蛇 shé　篆体写作🐍。小篆的"蛇"就像弯弯曲曲的蛇形。《说文解字》："它，虫也。从虫而长，象冤屈垂尾形。上古草居患它，故相问：'无它乎？'蛇，它或从虫。"这是说，"它"即古"蛇"字。洪荒时代，草木多，古先民多聚居于草多之地，草中自然多蛇，故远古先民害怕蛇，以致相见都要询问是否有蛇，以蛇为患。《广韵·麻韵》："蛇，毒虫。"

蛇，爬行纲有鳞目蛇亚目的总称，又有虵、长虫、蚖、蚺、长虵、虵虫、长蛇、小龙等别称，根据品种的不同还有蝮、蚺、蟒、蛴等近义的称呼。蛇的身体表面覆盖有鳞片，属肉食性卵生动物；身体呈细长形，没有四肢，无可活动的眼睑，无耳孔，无前肢带。蛇可分为毒蛇和无毒蛇。

蛇是我国原始社会图腾崇拜的对象之一，早在仰韶文化的陶器上就发现有蛇的图像。另外传说中的汉族祖先，有很多就是蛇的化身，如《列子》里记载的"庖牺氏、女娲氏、神农氏、夏后氏，蛇身人面，牛首虎鼻"等等。在伏羲部落中有飞龙氏、潜龙氏、居龙氏、降龙氏、土龙氏、水龙氏、赤龙氏、青龙氏、白龙氏、黑龙氏、黄龙氏11个氏族，这些可能也是以各种蛇为其图腾的氏族。我国传说中的龙，也可能就是蛇的神化。

因蛇的外貌凶恶且有些品种牙有剧毒，对于大多数人来说蛇是一种可怕的动物，因此人们对它产生一种莫名的恐惧，常常避之唯恐不及，难怪中国民间流传着一句谚语，"一朝被蛇咬，十年怕井绳"。世界各民族都以自己的审美观、是非观以及宗教信仰对蛇赋予了各种不同的寓意，从而体现了不同民族对蛇的不同的文化认知。在中国汉族民间就流传着"蛇蜕皮"的说法，认为人只要看见蛇蜕皮，就是不吉利的征兆。民谚说："见到蛇蜕皮，不死也脱皮。"在青海地区，若家中发现蛇，最忌讳杀死蛇，人们认为如果杀死蛇，蛇就会采取报复行动，对家门不利。所以如果在家中发现蛇，就将其捉入罐中或挑在长杆上，然后送到山谷中，并祈求其躲进山洞，别再回到人家里。福建闽南一带由于气候温和湿润，适宜蛇的繁衍生息。如果在家中发现蛇，也是不能打死的，人们认为蛇是先祖派来巡视平安的，进了谁的家，就预示着谁家平安。谁要是在路边发现几条蛇盘在一起，就要赶紧揪掉身上的某一颗纽扣丢过去来表示忏悔，然后才悄悄离开，这就表示当作没有看见蛇一样。

蛇在中国文化中也是神的化身。例如中国道教大神玄天上帝脚踩龟将、蛇将各一；四方神兽之一的"玄武"也是龟蛇合一的形象；中国神话中的夸父身上也以蛇为装饰；西汉开国君主刘邦"斩白蛇起义"，白蛇被指为"白帝子"；《晋书》记载晋朝开国名将杜预曾因酒醉而化成大蛇，因而被传说为大蛇转世。

与此同时，蛇在中国文化中也常以妖怪的形象出现，一些志怪作品中，蛇精修炼得道故事的出现频率仅次于狐狸精。例如中国著名民间传说《白蛇传》中所提及的白蛇与青蛇，就是人格化的蛇妖的著名代表；《聊斋志异》中也有很多以蛇为描写对象的妖怪故事，如《青城妇》、《蛇人》、《海公子》等；《山海经》中也有很多以蛇为原型的妖怪，诸如长蛇、化蛇、枳首蛇、相柳等。

蛇也是十二生肖之一，位列第六，称为"巳"。龙之所以能成形，应归功于蛇，可以说龙借用了蛇的躯干。因此古人将蛇称为"小龙"、"虫龙"等。没有蛇，也就没有了龙，这是一个众所周知的事实。十二生肖中，将蛇置于龙之后，不是一种巧合，而是有其深刻用意和内涵的。

蛇出现在中国古代诗歌中最早的要数《诗经·小雅·鸿雁之什·斯干》中的"维虺维蛇，女子之祥。"意思是说如果在梦中梦到虺蛇，就是生女儿的吉兆。其他比较有名的如《虫豸诗·巴蛇》其一："巴蛇千种毒，其最鼻塞蛇。掉舌翻红焰，盘身蹙白花。喷人竖毛发，饮浪沸泥沙。欲学叔敖瘗，其如多似麻。"值得一提的是，被鲁迅誉为"中国最为杰出的抒情诗人"冯至，在1926年写过一首极有新意的自由体爱情诗——《蛇》。全文为："我的寂寞是一条蛇，静静地没有言语。你万一梦到它时，千万啊，不要悚惧！它是我忠诚的侣

伴，心里害着热烈的乡思，它想那茂密的草原——你头上的、浓郁的乌丝。它月影一般轻轻地从你那儿轻轻走过；它把你的梦境衔了来，像一只绯红的花朵。"这首诗歌以"蛇"为隐喻来表达暗恋一方单相思的状况，这是以前诗歌中从来没有过的。在中国古典诗词中，比较常见的比喻相思的有红豆、青鸟、飞燕、连理枝等。在人们的印象中，蛇的阴冷、潮湿总是给人以恐惧与丑恶的感觉，但诗人冯至为了追求一种新的意象，却以"蛇"的无声潜行来比喻寂寞的相思之念，这可谓是化丑恶为艳美，恰切地表达了诗人冷漠、孤寂、忧郁外表之下隐藏着的那一颗追求幸福、渴望美好纯真爱情的火热之心。

汉语言里，用"蛇"构成的成语有：杯弓蛇影、虎头蛇尾、蛇头鼠眼、画蛇添足、蛇鼠横行、龙蛇飞动、笔底龙蛇、蛇行鼠步、笔走龙蛇、引蛇出洞、打草惊蛇、封豕长蛇、龙蛇混杂。与"蛇"有关的谚语有：一朝被蛇咬，十年怕井绳；强龙压不过地头蛇；蛇不知自己行迹，人不明自己身心；蛇无头不行，草无根不生；蛇无脚，自安脚；蛇无头而不行，鸟无翅而不飞；蛇咬蛇，不嫌短；蛇会蜕皮，本性不移；人心不足蛇吞象。与"蛇"有关的歇后语有：冬天的蟒蛇——有气无力；毒蛇出洞——伺机伤人；养蛇咬自己——惹祸上身；蛇吞蝎子——以毒攻毒；洞里的蛇——不知长短；看到草绳就喊蛇——大惊小怪；蛇吃大象——好大的胃口；蛇进竹筒——走上绝路了；蛇吞老鼠，鹰叼蛇——一物降一物；打蛇打七寸——攻其要害。这些语言现象从蛇的形状、蛇的习性、蛇的凶狠等方面作比喻来揭示和反映出某种哲理，富于情趣而又形象生动，使人在获取某种知识的同时又得到美的享受。

马

马 mǎ　甲骨文、金文和小篆分别写作🐎、🐎、🐎。甲骨文的"马"是个象形字，是头朝下、背朝右、尾朝下的一匹马。金文形体与甲骨文相似。小篆由金文演变而来。《说文解字·马部》："马，怒也，武也。象马头髦尾四足之形。"中国古代文献就有很多对马的描述，如《说文解字·马部》桂馥证："马训武、怒，言其健也。"《管子·形势》："马者，所乘以行野也。"《易经·说卦传》："乾为马。"郑玄曰："马，畜之疾行者也。"

马属于哺乳动物。其总的特征是：头部比较小，面部比较长，耳朵直立；颈上长有长长的鬃毛，尾巴上也有长毛；四肢强

健，第三趾最发达，趾端有马蹄，其余各趾退化，善于奔跑。马是一种草食性家畜，广泛分布于世界各地，原产于中亚草原，4 000 多年前就被人类驯养。马在中国民间主要是作为役使家畜，用于骑乘、拉车、耕地和载重，在战争、交通与劳动中使用。马在历史上起到过非常重要的作用，在中国历史上的很长时间里都是主要的动力来源。后来随着生产力的迅猛发展，科技水平的提高，动力机械的发明和广泛应用，在现实生活中马所起的作用也越来越小，目前马匹主要用于马术运动和乳肉生产。

马在中国传统的十二生肖中排名第七位，对应的地支是"午"。

马还是常见的中文姓氏之一。除了汉族以外，其他民族也有不少马姓人士。马姓是回族的大姓之一，是由穆罕默德姓汉化而来（也有人认为是由法蒂玛转化而来）。

马在中国一直以来都被人们认为是一种高贵优雅的动物，是力与美的象征。在中国人的心目中，马不仅仅担任骑乘或负重的工作，还常常是上流社会身份和地位的象征。马还被中国人比作行走在地上的龙，备受人们的崇拜和爱护。中国国画的画马艺术更是历久不衰，我国从唐代开始陆续出现画马名家，如曹霸、韩干，宋代有李公麟，元代有赵孟頫，清代有郎世宁，20 世纪更是出现了一个家喻户晓的徐悲鸿，他们画马的方式各不相同，画作各具特色。其中徐悲鸿的《奔马》图更是蜚声海内外，他把对马的喜爱之情栩栩如生地刻画了出来，这幅画现珍藏于徐悲鸿纪念馆。令人惊叹的还有 1969 年出土于甘肃省武威市雷台汉墓的东汉铜奔马"马踏飞燕"，它是中国青铜艺术史上的一朵奇葩，以其独有的勃勃生机和一往无前的气势，长期以来成为中华民族精神的象征。

中国古代诗歌里描写"马"的要数唐朝翁绶的《白马》最为著名："渥洼龙种雪霜同，毛骨天生胆气雄。金埒乍调光照地，玉关初别远嘶风。花明锦襜垂杨下，露湿朱缨细草中。一夜羽书催转战，紫髯骑出佩骍弓。"

因为马在人们生活中起着非常重要的作用，古往今来，人们不断地描绘马、赞美马，久而久之，在汉语中产生了许多跟马有关的成语，例如：汗马功劳、老马识途、马到成功、指鹿为马、马首是瞻、青梅竹马、兵荒马乱、香车宝马、厉兵秣马、走马观花、走马上任。除此之外，还有许多与马相关的谚语，如：一言既出，驷马难追；路遥知马力，日久见人心；人有失足，马有失蹄；瘦死的骆驼比马大；人要炼，马要骑；人靠衣裳马靠鞍；小马儿乍行嫌路窄；马至滩，不加鞭。与马相关的歇后语有：马儿伸腿——出蹄（题）；马鞍套在驴背上——对不上号；马背上打电话——骑（奇）闻；马过竹桥——难拐弯；马缰绳拴羊头——路子不对；马嚼子戴一牛嘴上——胡来；马驹子拉车——上了套；马笼头给牛戴——生搬硬套；马屁股上的苍蝇——瞎嗡嗡；马上耍杂技——艺高胆大；马尾巴绷琵琶——不直（值）不弹（谈）；半天云中跑马——露了马脚；到了悬崖不勒马——死路一条；扛着口袋牵着马——有福不会享。

羊

羊 yáng　甲骨文、金文、小篆分别写作、、羊。甲骨文是个象形字，就像羊头，其上部是一对左右下弯的羊角，下面的部分是羊的嘴巴。金文的象形意味比甲骨文更浓，一对大大的羊角向下弯曲，中间一短横表示左右两只耳朵，最下端是羊的嘴巴。小篆则由金文形体演变过来。中国古代文献从不同的角度对羊的特点作了描绘，如：《礼记·大学》有"畜马乘不察于鸡豚；伐冰之家不畜牛羊"之句，郑玄注："鸡豚、牛羊，民之所畜养以为财利者也。"《诗经·召南·羔皮》有"羔羊之皮"之句。《毛传》："小曰羔，大曰羊。"《淮南子·时则训》有"食麦与羊"之句，高诱注："羊，土畜也。"《说文解字·羊部》："羊，祥也。"《周礼·考工记·车人》有"羊车二柯"之句，郑玄注："羊，善也。"

羊，又可称为绵羊、家羊或白羊，古称膻（羴）根、卷娄、独笋子，属于哺乳纲偶蹄目牛科羊亚科。羊是一种有毛的四腿反刍哺乳动物，人类的家畜之一，是羊毛的主要来源。羊原是北半球山地的产物，与山羊有亲缘关系；它们的不同之处在于家羊体形比较胖，身体比较丰满，体毛绵密，头部比较短小。羊的特点还有：雄性有螺旋状的大角，雌性没有角或仅有细小的角；毛色为白色；脾性温顺。在我国，羊的种类很多，如绵羊、山羊、黄羊、羚羊、青羊、盘羊等等。

羊是中国的姓氏之一，虽然这并不是一个常见的姓氏，但也是中国较为古老的姓氏之一，在《百家姓》中排第 202 位。

羊也属于中国传统的十二生肖之一，在十二生肖中排名第八位，对应的地支是"未"。

在中国传统文化中，羊还是吉祥的动物，常用它来组成许多含有褒义之字，诸如"详"、"祥"、"羞"、"徉"、"翔"、"养"、"羝"、"洋"、"羔"、"羰"、"群"、"美"、"鲜"、"羡"、"善"等。在吉祥语中，民间有"三阳开泰"一语，用图画来表示，就是三只姿态各异的羊仰观太阳的景象，因古时"羊、阳、祥"谐音相通，"吉祥"多写成"吉羊"，所以我们的先祖就把羊视作吉祥物了。中国民间流传着"羊羔跪乳"的说法，以此来宣扬中华民族"孝道"的传统美德。正如《春秋繁露》所说："羔饮之其母必跪，类知礼者。"这句话的意思是说小羊在吃母羊奶时是跪着的，表达对母亲养育之恩的报答，因此羊被人们认为是动物里最懂得礼仪之道的。

中国广东的省会广州还被称为"羊城"，这与一个"五羊降福"的传说有关。公元前9世纪，周朝的楚国在如今的广州建造了一个城邑，名叫楚庭。有一年，楚庭因连年灾害，田地荒芜，农业失收，百姓饥荒。突然有一天，南海的天空出现了五朵祥云，云中有五位仙人，身穿着红橙黄绿紫五色的彩衣，分别骑乘着五只仙羊，仙羊口衔一棵一茎六穗的稻子，徐徐地降落在这座城市。仙人把稻穗赠予百姓，把五只羊留下，祝愿这里永无饥荒，然后腾空而去。从此，广州成了岭南最富庶的地方，也开始有了"羊城"、"五羊城"之称。

羊自然也是中国古代诗人重点描写的对象之一，早在《诗经》里就有《无羊》一诗，诗中写道："谁谓尔无羊？三百维群。谁谓尔无牛？九十其犉。尔羊来思，其角濈濈。尔牛来思，其耳湿湿。"其他比较有名的如文天祥的《咏羊》诗二首，分别是："长髯主簿有佳名，羱首柔毛似雪明。牵引驾车如卫玠，叱教起石羡初平。出都不失成君义，跪乳能知报母情。千载匈奴多牧养，坚持苦节汉苏卿"和"有幸舍身怜饿狼，天公有道弱臣强。惜生利角偏无志，徒献皮毛聊作装"。

汉语中，人们用"羊"组成了大量的成语、谚语和歇后语。成语如：羊肠小道、羊肠九曲、素丝羔羊、羔羊之义、羊羔跪乳、羊头狗肉、亡羊补牢、亡羊之叹、歧路亡羊、顺手牵羊、饿虎扑羊、羊落虎口、虎入羊群。谚语有：挂羊头卖狗肉；羊毛出在羊身上；赊猪赊羊，无赊新娘；牛食如浇，羊食如烧；羊仔笑牛无须；豆仔看作羊仔屎，屎礐仔看作肉笋；相争一跤箸，放去一只羊。而用"羊"组成的歇后语则数量较多，如：恶狼对羊笑——不怀好意；狼看羊羔——越看越少；羊闯狼窝——白送死；猴子骑羊——不成人马；看羊的狗——一个比一个凶；狗扯羊肠——越扯越长；羊羔吃奶——跪下啦；叫羊看菜园——不可靠；羊儿不吃草——壮不了；羊群无头——乱跑；羊给狼拜年——瞎讨好；羊屎落地——颗颗一样大；羊圈里的驴粪蛋——数你大；羊群里跑骆驼——身高气傲；羊身上取驼毛——办不到；羊群里跑出个骆驼——抖什么威风；羊撞篱笆——进退两难。为什么用"羊"组成的词语与俗语有这么庞大的数量呢？这可能与羊跟人们的日常生活联系密切有关，例如羊是人们重要的膳食来源，羊皮和羊毛则是人们重要的制作取暖物的原材料，羊可谓全身都是宝。

猴

猴 hóu "猴"的甲骨文、小篆分别写作𤠔、𤡣。甲骨文的"猴"是象形字,像长着尾巴的猴。小篆为左形右声的形声字。中国古代文献从不同角度对"猴"作了描述,如《玉篇·犬部》:"猴,猕猴也。"《说文解字·犬部》朱骏声《说文通训定声》:"猴,一名母猴,声转曰沐猴,曰猕猴。"杜甫《从人觅小胡孙许寄》篇题下仇兆鳌详注引《广志》:"猴,一名王孙,一名胡孙。"

猴,俗称猴子,属灵长目哺乳纲。种类很多,形状略像人,身上有毛,灰色或褐色,有尾巴,行动灵活,好群居,口腔有储存食物的颊囊,以果实、野菜、鸟卵和昆虫为食物。在从森林到草原的生活过程中,猴一直在以惊人的速度进化,并且猴是与人亲缘关系最近的一类动物。猴的屁股是红色的,因为猴子是好坐的动物,所以屁股常在地上蹭来蹭去,毛被磨掉后皮肤就露出来了。在我国,最珍贵的有黑叶猴、白头叶猴、金丝猴。尤其是金丝猴，是我国独有的猴类，它与大熊猫一样，都属于国宝级的动物。金丝猴以其艳丽的毛色、独特的形态、优美的动作、温和的性情而深受人们的喜爱。

在中国古代，猴子又被称为禺、果然、独、狨等。《白虎通义》记载："猴，候也，见人设食伏机，则凭高四望，善于候者也。""候"，是等待、观望的意思。猴群在活动时，就会有两三只猴子登上高处担当"哨兵"瞭望，这些"哨兵"的警惕性非常高，如果发现敌情就发出警告。放哨的猴子总是非常认真地等候、观望，忠于职守，哪怕不吃不喝都行。古人观察到了猴子的这种习性，故将其命名为"猴"。

猴子的形象也经常出现在中国文学、影视、绘画作品里。例如中国文学作品《西游记》中孙悟空的形象，家喻户晓。中国作家胡适认为中国神话《西游记》里的孙悟空的原型是印度的哈奴曼，随着佛教传入中国，《罗摩衍那》里记载的"楞伽城大战"中大闹无忧园的情节，被编成孙悟空七十二变的故事。也因为有了齐天大圣"美猴王"的美称，猴子在中国人心目中就成了机智灵敏且极具叛逆精神的代名词了。猴子机智、灵敏、顽皮的形象在电视剧《西游记》里更是被饰演孙悟空的六小龄童演绎得出神入化、入木三

分。又如著名国画家吕思明，多年来潜心研究"美猴图"，始创彩墨"泼毛"技法，以猴子为载体，以拟人的手法来表达某种美好的愿景，逐步形成了艺术韵味浓重且寓意美好的中国画画风。其以独有的"泼毛"技法画成的猴子毛、绒分明，生动可爱，深受大众喜爱，被誉为书画界的"美猴王"。

汉民族普遍认为猴是吉祥物。由于猴与侯谐音，而侯是中国古代公、侯、伯、子、男五等爵位之一，在许多传统图画中，猴的形象表示封侯的意思，成为一种吉祥富贵的象征。如一只猴子爬在枫树上挂印，寓意"封侯挂印"；一只猴子骑在马背上，寓意"马上封侯"；两只猴子坐在一棵松树上，或一只猴子骑在另一只猴的背上，寓意"辈辈封侯"。

猴也是中国传统的十二生肖之一，排名第九位。

汉语中以"猴"组成的歇后语比较多，诸如：猴子扛大梁——受不了；猴子戴礼帽——充起人来了；猴子看书——假斯文；猴子衔烟斗——装人样；断臂的猴子——高攀不起；猴子看果园——监守自盗；猴子爬竿——直线上升；猴子唱戏——想起一出是一出；猴子偷桃——毛手毛脚；猴子偷瓜——连滚带爬；猴子捞月亮——一场空；孙猴子变戏法——无中生有；孙猴子封了个弼马温——不知官大官小；白骨精遇上孙悟空——原形毕露；孙猴子跳出水帘洞——好戏在后头；孙悟空到了花果山——称心如意；孙猴子变山神庙——露了尾巴；猴子耍把戏——翻来覆去老一套；猴子扇扇子——学人样。

鸡

鸡 jī "鸡"的甲骨文和小篆写作🐓、鷄。甲骨文是个左声右形的形声字，左边是"奚"，表示这个字大概的读音；右边的"鸟"表意，说明"鸡"属鸟类。小篆形体类似于甲骨文形体，左边还是"奚"，右边把"鸟"换成了"隹"，因上古"鸟"与"隹"同义。《说文解字·隹部》："鸡，知时兽也。从隹，奚声。籀文从鸟。"《汉书·五行志》："鸡者，小畜。主司时，起居人。"《尚书大传》卷二有"时则有鸡祸"，郑玄注："鸡，畜之有冠翼者也，属貌。"《尚书·牧誓》："牝鸡无晨。牝鸡之晨，惟家之索。"

鸡属于鸟纲鸡形目雉科，是人类最普遍饲养的家禽。典型家鸡的毛色都是棕色的，雄鸡的毛色偏深红并有光泽，而且尾部的羽毛呈深绿色、深蓝色等较鲜艳的颜色，羽毛长且向下垂；母鸡的体色相对较单调，羽毛没有光泽，尾部羽毛亦较短且没有雄鸡的羽毛鲜艳。雄鸡善啼好斗，能打鸣报晓。家鸡源自于野生的原鸡，达尔文于1868年发表的《动物和植物在家养下的变异》一书中提出，家鸡起源于 2 000 年前的印度大峡谷中的原鸡；但中

国鸟类学家根据一系列考古发现和大量出土文物资料提出，中国家鸡有自己的起源地，而且其驯化时间远早于印度的家鸡。

鸡在中国文化中占有比较重要的地位。在我国，数千年来，鸡的形象一直存在于许多美好的神话传说、艺术作品和历史故事中，为我国的传统文化增添了丰富多彩的内容。在我国的古代社会，鸡还是生殖崇拜的符号之一。我国古人也特别重视鸡，甚至认为鸡与神学政治有着密切的联系，被称为"五德之禽"。《韩诗外传》说鸡有五德，即文、武、勇、仁、信。《花镜》中也说："鸡，一名德禽，一名烛夜。……又具五德：首顶冠，文也；足博距，武也；见敌能斗，勇也；遇食呼群，仁也；守夜有时，信也。"意思是雄鸡头上有冠，是文德；足后有距能斗，是武德；敌在前敢拼，是勇德；有食物则招呼同类，是仁德；按时报晓，是信德。所以人们不但在过年时剪形状为鸡的窗花，而且把新年的第一天定为"鸡日"，完全可以说中国"鸡文化"源远流长。在甘肃天水西山坪大地湾一期文化中，已经发现了距今 8 000 年左右的家鸡，有文字可查的历史至少也有 3 000 年，由此可见，中国是世界上最早养鸡的国家之一，也是最早发现鸡有多种药用价值的国家。这一发现打破了家鸡起源于印度的旧说。

在中国的传统文化中，龙和凤都是神化的动物，鸡却是一种身世不凡的灵禽，例如凤的形象就来源于鸡。《太平御览》中说："黄帝之时，以凤为鸡。"在中国，完整的鸡是拜祭祖先的食物之一。

鸡也是十二生肖之一，排名第十位，对应的地支是"酉"。因为"十"是个满数，中国古人的传统观念认为做人要谦虚，绝不能自满，但公鸡的天性是要打鸣，公鸡总是一副仰着脖子自鸣得意的神态。所以古人就将鸡排在了第十位。

我国著名画家徐悲鸿还以"鸡"喻志，在1937年抗日战争爆发，中华民族处于危难之际，他在广西桂林创作了一幅《风雨鸡鸣》图。画中大公鸡在风雨中屹立于巨石之上，四周风雨如晦，但大公鸡依然昂首挺胸，引吭高歌。寓意盼望"雄鸡一唱天下白"，祈求中华民族早日赶走日本侵略者，号召有志之士为中华民族的解放而斗争。

"鸡"在中国古诗里也占有很重要的地位，其中以唐寅的《画鸡》诗最富情趣，即"头上红冠不用裁，满身雪白走将来。平生不敢轻言语，一叫千门万户开"。

在汉语中，"鸡"字组成了众多的谚语，如：鸡蛋里挑骨头；

割鸡焉用牛刀；一人得道，鸡犬升天；嫁鸡随鸡，嫁狗随狗；偷鸡不着蚀把米。歇后语有：鸡吃碎米鸭吃谷——各人自有各人福；鸡毛点灯——十有九空；鸡毛掉井里——不声不响；鸡毛过大秤——没有分量；鸡毛落水——毫无反响；黄鼠狼给鸡拜年——没安好心；鸡屙尿——少见；鸡给黄鼠狼拜年——自投罗网；鸡毛做毽子——闹着玩的；鸡孵鸭子——白忙活；鸡毛炒韭菜——乱七八糟；鸡蛋壳发面——没多大发头；鸡毛掸子——尽招灰。

犬

犬 quǎn　"犬"的甲骨文、金文和小篆分别写作 ㄅ、㸰、犮。甲骨文是个象形字，像一只头朝上、尾朝下、腿朝左的狗。金文就更像狗的样子了，头的左右两侧是两只耳朵，下部的尾巴向右上卷起。小篆则不像狗的样子了。中国古代文献里有很多关于"犬"的特点的记载，如《礼记·曲礼（上）》有"效犬者左牵之"，孔颖达疏："通而言之，狗、犬通名，若分而言之，则大者为犬，小者为狗。"《庄子·天下篇》有"狗非犬"，陆德明释文引司马云："狗、犬同实异名。"

犬，通常指家犬，又名"狗"，是一种常见的犬科哺乳动物，也是人类最早驯化的家畜之一。犬的嗅觉很灵敏，能嗅出一百多万种物质的气味；听觉也很灵敏，能听到振动频率在十万赫兹以上的声音，而人只能听到三万赫兹以下的声音。毛有黄、白、黑等颜色。犬属于脊椎动物门哺乳纲食肉目犬科犬属，犬的品种按功能分为枪猎犬、狩猎犬、梗犬、工作犬、玩具犬、家庭犬、牧羊犬。

犬是狼的近亲，早期由人类从灰狼驯化而来，驯养时间在4万年前至1.5万年前，是人类最早驯化的动物。过去狗可以用来打猎牧羊。因犬通人性，对主人很忠诚，通常被称为"人类最忠实的朋友"，也是家庭饲养率最高的宠物。狗对主人忠心耿耿、知恩图报已是家喻户晓、妇孺皆知的事实，义犬救主的动人故事，不时地在中国民间流传。传说晋太和年间，广陵有个姓杨的人养了一条狗。他特别爱这条狗，无论做什么事情都要带着它。一次，这个人喝醉酒后走到一个水洼附近的草地上就倒地睡着了，无法赶路。当时正赶上冬天有人烧草燎原，风很大，因而火势也越来越大，渐渐烧到了此人附近。于是狗反复不停地叫唤，而这个姓杨的人仍旧大醉不醒。狗看到这个人前面有一坑水，于是走到坑里，用自己的身体沾了水后再抖落到主人身边的草上。

就这样来回了很多次，直至把主人身边的草全都弄湿了。当火蔓延到他身边的时候，因为草湿而没有燃烧起来，主人因此躲过了被火烧死的大难。后来又有一次，这个人因为在天黑时赶路，不小心掉到一口空井里，狗叫了整整一个晚上。后来有人从这里路过，很纳闷为什么狗冲着井嚎叫，过去一看，发现了这个落井的姓杨的人。杨氏说，如果你救了我，我一定会好好报答你的。那个人说，如果你把你的狗送给我，我就救你出来。杨氏说，这条狗救过我的命，不能赠给你啊，我的死活都不要紧。那个人说，既然这样，那我就不救你了。这时狗低头看了看井里，杨氏明白了狗的意思，于是跟那个路人说，我愿意把狗送给你。那个人于是马上救出了杨氏，把狗拴上带走了。过了五天，那只狗在夜晚逃回杨氏家来了。

在中国传统文化中，狗属于十二生肖之一，位列第十一位，俗以十二地支之"戌"相配，故以戌称狗。

犬，古代又可称为尨，如《诗经·召南·野有死麕》："舒而脱脱兮，无感我帨兮，无使尨也吠。"《毛传》："尨，狗也。非礼相陵则狗吠。"马瑞辰通释："尨，盖田犬、吠犬之通名。"又俗称"豺舅"，《尔雅翼·释兽二》："世传狗者豺之舅，豺遇狗，辄跪如拜状。"又称"韩卢"，原指战国时韩国善跑的黑狗。《战国策·秦策三》："以秦卒之勇，车骑之多，以当诸侯，譬若驰韩卢而逐蹇兔也。"西晋张华《博物志》："韩有黑犬，名卢。"所以韩卢泛指狗。又称"地羊"，是古方言异名，李时珍《本草纲目·狗》："犬，齐人名地羊。"

中国是诗的国度，不少文人墨客以狗为题材，留下了大量咏狗的诗句，如吴伟业的《过淮阴有感》："我本淮王旧鸡犬，不随仙去落人间"；卢纶的《山店》："风动叶声山犬吠，一家松火隔秋云"等。狗有许多名称，这在古诗中也可见一斑，如黄庭坚称狗为"黄犬"，诗云："白云行处应垂泪，黄犬归时早寄书"；苏东坡在《过新息留示乡人任师中》中称狗为"黄耳"，诗中说："寄食方将依白足，附书未免烦黄耳"；白居易在《和梦游春诗一百韵》诗中，称狗为"乌龙"，诗中说："乌龙卧不惊，青鸟飞相逐。"虽然很难找到通篇描写"狗"的诗，但在众多的反映田园气息的诗歌中，有关"狗"的诗句的出现，往往使诗歌增添了动感，让人读后深感静中有动、动中有静之妙趣。这样的诗句诸如陶渊明的《归园田居》："暧暧远人村，依依墟里烟。狗吠深巷中，鸡鸣桑树颠"；白居易的"西风满村巷，清凉八月天。但有鸡犬声，不闻车马喧"；吕徽之的"何事晓来吠一声，有人来汲门前井"；王维的"夜静群动息，时闻隔林犬"；刘长卿的"犬吠寒烟里，鸦鸣夕照中"等，使这些诗歌宛如一幅幅清新的乡村画卷展现在人们面前，洋溢着"鸡犬之声相闻"的浓浓农家生活气息。

汉语里用"狗"组成的谚语和歇后语数量庞大。谚语如：挂羊头，卖狗肉；狗咬狗，两嘴毛；狗改不了吃屎；子不嫌母丑，狗不嫌家贫；人怕没理，狗怕夹尾；牛眼看人高，狗眼看人低；

闷头狗，暗下口；画人难画手，画树难画柳，画马难画走，画兽难画狗；好狗不咬鸡，好汉不打妻；好狗不跳，好猫不叫；狗仗人势，雪仗风势；狗咬穿烂的，人舔穿好的；狗朝屁走，人朝势走；对强盗只能用刀子，对恶狗只能用棍子。歇后语有：狗逮耗子——多管闲事；肉包子打狗——有去无回；狗咬吕洞宾——不识好人心；疯狗咬月亮——狂妄；三伏天的狗——喘不上气；哈巴狗掀门帘——突出一张嘴；不叫喊的狗——暗里伤人；馋狗等骨头——急不可待；苍蝇嘴巴狗鼻子——真灵；吃过屎的狗——嘴巴臭；脆瓜打狗——零碎；属狗尾巴的——越摸越翘；贼被狗咬——干吃哑巴亏；有钱人家的看门狗——势利眼；野地里遇疯狗——难近身。为什么与"狗"有关的谚语和歇后语数量如此惊人呢？这与中国人养狗、爱狗有关，狗几乎成了家家户户的宠物，因此，人们对狗就非常熟悉和了解，也由此使得人们从狗的习性、特征、性格等诸多方面进行联想，从而创造出众多的成语、谚语和歇后语来说明某种道理。

猪

猪 zhū　甲骨文写作🐖。"猪"的甲骨文为象形字，就像一只大肚猪。中国古代文献是这样描述"猪"的，如《类篇·犬部》："豕而三毛丛居者。"《中华古今

注·猪》："猪，一名参军，一名豕……江东呼为豨，皆
通名也。"猪属于杂食类动物，哺乳纲偶蹄目，单胃动
物，不反刍。猪在中国又名为"豕"。猪尚有"乌金"、
"黑面郎"等别名。据《朝野佥载》记载，唐代洪州人
养猪致富，故称猪为"乌金"。唐代《云仙杂记》引
《承平旧纂》云："黑面郎，谓猪也。"

猪被我们的祖先视为六畜之
一，野猪首先在中国被驯化，中国
养猪的历史可以追溯到新石器时代
早、中期。据殷墟出土的甲骨文记
载，商、周时代已出现猪的舍饲。
商、周时代在养猪技术上的一大创
造是发明了阉猪的技术。汉代随着
农业生产的发展，养猪已不仅仅是
为了食用，还是为了积肥。也正是这一情况促进了养猪方式的变
化。隋唐时养猪已成为农民增加收益的一种重要手段。猪肉也因
含有丰富的动物性蛋白质，成为改善中国人膳食结构的一个非常
重要的组成部分。

在中国传统文化中，猪是吉祥物之一，蕴含着丰富的文化内
涵。猪排十二生肖之末，即第十二位，也称为"亥"。

中国民间有很多关于猪的典故和习俗。猪因那圆圆滚滚的身

体和快速小跑的憨态模样，还是善良、憨厚、可爱品质的象征，所以猪也是情侣、夫妻之间的昵称，表示自己的爱人像猪一样善良可爱。

在中国古代诗歌中，尽管很少见到通篇咏猪的诗，却能看到不少别具一格的咏猪的诗句，其中最有意趣的要数反映烹制猪肉方法的诗句。因猪肉味美，自古以来，中国人就特别爱烧而食之，而且烧法很讲究，对此，在古诗里也有反映。比较有名的如宋代蜀寺僧的《蒸猪肉诗》中所写的猪肉的烧法，给人留下了深刻的印象，全文为："嘴长毛短浅含膘，久向山中食药苗。蒸处已将蕉叶裹，熟时兼用杏浆浇。红鲜雅称金盘钉，软香真堪玉箸挑。若把膻根来并比，膻根只合吃藤条。"诗的前两句，写用来

蒸的猪长时间食用的是山中的药苗，膘不厚而瘦肉多。这说明，这道菜对猪的品种是很讲究的。三、四两句，描写蒸猪之方法：以蕉叶裹着猪蒸，蒸熟后再以"杏浆浇"之，与众不同。五、六两句写蒸熟的猪肉色泽鲜艳、柔嫩，以金盘来盛放，以玉筷来挑食。最后两句，则说明相比之下，羊肉远不及猪肉味美。还有宋代大诗人苏轼在黄州时曾经戏作《食猪肉诗》："黄州好猪肉，价钱如粪土。富者不肯吃，贫者不解煮。慢着火，少着水，火候足时它自美。每日早来打一碗，饱得自家君莫管。"

诗人在诗中既描写了他食猪肉时的那种惬意和愉悦，又以凝练的笔墨描写了猪肉的烧制方法，同样给人留下了深刻的印象。并且按照此法烧制出来的"东坡肉"也就成了苏轼的"专利"，"东坡肉"之名及菜谱也一直流传至今。

在汉语里，"猪"组成了丰富的成语、谚语、歇后语。成语如：猪狗不如、一龙一猪、猪卑狗险、猪朋狗友、豕突狼奔、泥猪疥狗、泥猪瓦狗、猪头三牲、指猪骂狗。这些成语基本上都是贬义的。还有很多关于"猪"的谚语，也大多是贬义的，例如：人怕出名猪怕壮；死猪不怕开水烫；没吃过猪肉，还没见过猪跑；火到猪头烂，钱到公事办；老虎借猪，相公借书。至于用猪组成的歇后语更是数量相当可观，多达数十条，大多也是贬义的，如：猪八戒照镜子——里外不是人；猪八戒上阵——倒打一耙；猪八戒吃人参果——全不知滋味；冷水烫猪——不来气；驼背子牵母猪——前世的冤；猪嘴上插葱——装象；热闹处献母猪——尽丢丑；乌鸦站在猪身上——看得见别人黑，看不见自己黑；猪八戒相亲——怕露嘴脸；猪八戒西天取经——三心二意；猪八戒进了女儿国——看花了眼；猪蹄子不放盐——淡脚（旦角）。为什么用"猪"组成的成语、谚语、歇后语基本上都是贬义的呢？这可能是因为，"猪"在中国人的心中虽憨厚可爱，但也迟钝愚蠢。

二、四灵动物与相关汉字

龙

龙 lóng　　"龙"的甲骨文、金文、小篆分别写作
暑、含、龘。中国古代文献从不同的角度对"龙"的形
象作了描述，例如《说文解字·龙部》："龙，鳞虫之
长，能幽能明，能细能巨，能短能长。春分而登天，秋
分而潜渊。"《淮南子·兵略》有"疾如骇龙"，高诱
注："龙，鱼也。飞之疾者也。"《论衡·纪妖》："龙，
人君之象也。"

龙在中国传统文化里还有其他的称谓，诸如虫璃、虫龙等。
龙是中国神话传说中的神奇动物，是十二肖兽中唯一属于传说中
的神物，虽然没有实体，但是龙却长久以来切切实实地扎根和融
进了中国悠久的传统文化之中。龙一直以来被人们尊为万物之
灵、百兽之尊，中国古书对其形象的描绘也相当丰富。如东汉许
慎的《说文解字》对龙是这样描述的："龙，鳞虫之长，能幽能

明，能细能巨，能短能长。春分而
登天，秋分而潜渊。"明代李时珍
的《本草纲目》又是这样描述的：
"罗愿《尔雅翼》云：'龙者，鳞
虫之长。'王符言其形有九似：头
似驼，角似鹿，眼似兔，耳似牛，
项似蛇，腹似蜃，鳞似鲤，爪似
鹰，掌似虎，是也。其背有八十一
鳞，具九九阳数。其声如戛铜盘。
口旁有须髯，颔下有明珠，喉下有逆鳞……呵气成云，既能变
水，又能变火。"总而言之，凡世上一切威猛、俊美之形皆集中
于龙身，龙能走，能飞，能游泳，能兴云布雨，素为人们崇尚与
敬重。传说龙生九子，种种不同，但我国古人把龙分为四类：其
一为"天龙"，代表至高无上的天的更生力量；其二为"神龙"，
肩负着兴云布雨的重担；其三为"地龙"，分管着地上的渊潭溪
流、湖海江河；其四为"护藏龙"，保护着地上一切宝藏财物。
据此来看，龙统管着人世间的一切，至尊至圣，让人顶礼膜拜。

中国人自古就认为自己是龙的传人，中国就是龙的故乡，对
龙有一种特殊的情感，龙因而成为华夏民族、华夏文化的象征。
龙是中国神话中的一种善于变化，能兴云布雨、利泽万物的神异
动物，所以后来就成为封建帝王的象征，比如现存的故宫里到处
都有龙的身影。龙既然象征帝王，我国古人自然就把"龙"字与

跟帝王有关的事物联系起来，诸如真龙天子、龙体、龙椅、龙座、龙袍、龙床、龙杖、龙剑、龙珠等，以至于还把封建帝王情绪的变化说成"龙颜大喜"或"龙颜大怒"。

上下数千年，龙文化已经渗透到了中国社会的方方面面，除了在中华大地上传播承继外，还被远渡重洋的华人带到了世界各地。在世界各国的华人聚居区或中国城内，最多和最引人注目的装饰物就是龙。"龙的传人"、"龙的国度"已获得了全世界的认同。龙就是中国的象征！

龙还是中国传统的十二生肖动物之一，排列第五位，对应的地支是"辰"。

中国古代的"龙"诗，比较著名的如唐朝李峤的《龙》："衔烛耀幽都，含章拟凤雏。西秦饮渭水，东洛荐河图。带火移星陆，升云出鼎湖。希逢圣人步，庭阙正晨趋。"唐朝无名氏的《骊龙》诗："有美为鳞族，潜蟠得所从。标奇初韫宝，表智即称龙。大壑长千里，深泉固九重。奋髯云乍起，矫首浪还冲。荀氏传高誉，庄生冀绝踪。仍知流泪在，何幸此相逢。"

"龙"还极大地丰富了中国的语言宝库，人们用"龙"字组成了数量庞大的谚语和歇后语。用"龙"组成的谚语如：擒龙要下海，打虎要上山；龙无云不行，鱼无水不生；二月二，龙抬

头；龙生龙，凤生凤，老鼠生儿会
打洞；龙游浅滩遭虾戏，虎落平阳
被犬欺；吃饭像条龙，做活像条虫。
至于用"龙"组成的歇后语更是数
不胜数，如：龙王爷的帽子——道
道多；唱戏的穿龙袍——成不了皇
帝；河里划龙船——同心协力；两
个人舞龙——有头有尾；龙船上装

大粪——臭名远扬；龙头不拉拉马尾——用力不对路（比喻力气
或功夫没用在点子上）；鲤鱼跳龙门——身价百倍（比喻名声、
地位大大提高了）；麻布袋做龙袍——不是这块料；四海龙王动
刀兵——里里外外都是水；跳蚤变龙种——冒牌货；禾草里头藏
龙身——农家出英才；要饭的给龙王上供——穷人有个穷心；叶
公好龙——口是心非；八月十五看龙灯——迟了大半年；大水冲
了龙王庙——一家人不认一家人。这从一个侧面反映了"龙"在
中国人心目中的地位。

凤

凤 fèng　传说中的神鸟。雄的叫凤，雌的叫凰。通
称为凤或凤凰。中国文化中的四灵动物之一，《礼记·
礼运》："麟、凤、龟、龙，谓之四灵。""凤"的甲骨

文和小篆分别写作、。甲骨文的"凤"为象形字，形体就像凤凰。篆书从鸟从凡，为会意字，表示凤是生风之鸟。简体字从鸟，从又，表示不断产生风的是凤鸟。所以，凤的本义就是凤凰。中国古代文献也对"凤"作了大量解释，如《说文解字》："凤，神鸟也。从鸟，凡声。……凤飞，群鸟从以万数。"《韩诗外传》云："夫凤之象，鸿前而麟后，蛇颈而鱼尾，龙文而龟身，燕颔而鸡喙。"《山海经·南山经》："其状如鸡，五采而文，名曰凤皇。"《尔雅·释鸟》郭璞注："凤，瑞应鸟。鸡头，蛇颈，燕颔，龟背，鱼尾，五彩色，其高六尺许。"

凤还是中国古代传说中的百鸟之王，与龙一起成为汉民族的图腾形象。凤凰与麒麟一样是雌雄统称，雄为凤，雌为凰，总称为凤凰。亦可称为丹鸟、火鸟、鹖鸡、威凤等。凤凰的起源大约在新石器时代，原始社会彩陶上的很多鸟纹是凤凰的雏形，距今约7 400年的湖南洪江高庙文化遗址中，出土了一件白色陶罐，其颈部和肩部各印有东方神鸟图案，一只朝向正面，一只侧面回首。据考古专家鉴定，这件陶器上的神鸟图案就是凤凰，比浙江余姚河姆渡文化遗址中发现的凤凰图案至少要早400年，是迄今为止中国发现的最早的凤凰图案。据《尔雅·释鸟》郭璞注解说，凤凰的特征是："鸡头，蛇颈，燕颔，龟背，鱼尾，五彩色，其高六尺许。"还说凤凰六像：头像天，目像日，背像月，翼像凤，足像地，尾像纬，即指从头到脚的六个部分。据古人记载，凤凰有许多不同的种类，种类不同，其象征也不同，传说中根据颜色的不同共有五类，分别是赤色的朱雀、青色的青鸾、黄色的鹓雏（yuān chú）、白色的鸿鹄和紫色的鸑鷟（yuè zhuó）。

和龙一样，凤凰已化为一种精神，深深地渗透在中华民族的传统文化中，成为一种精神的象征，凤在中国传统文化中占据非常重要的地位。传说凤性格高洁，不是清晨的甘露不饮，不是细嫩的青竹不食，不是千年的梧桐不栖。凤好结集为群，来则成百上千。古代人们认为只有在君主贤明、政治昌达时，凤才会出现，所以凤是天下太平的象征。凤不仅是人们心目中的吉祥鸟，也是封建皇权的象征，历来皇家、贵族之用多以"凤"命名，如凤车、凤驾、凤辇、凤邸、凤盖、凤冠、凤杖等。关于凤凰的神话、传说和典故相当多。比较著名的如凤凰涅槃的神话传说，凤凰每次死后，会周身燃起大火，然后在烈火中获得重生，并获得较之前更加强大的生命力，称之为"凤凰涅槃"。如此周而复始，凤凰获得了永生。因而凤凰成了生命顽强的象征。

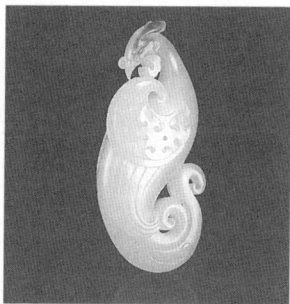

凤凰被认为是百鸟中最尊贵者，为鸟中之王，有"百鸟朝凤"之说。《韩诗外传》记载说：黄帝即位，自以为天下太平，

想亲眼看看传说中的凤凰。为此，他请教天老。天老回答：凤凰显形，乃祥瑞之兆，只有在太平盛世才会出现。如能见到它一掠而过的身形已实属不易，如果还能看到它在百鸟群中飞舞，那就是千载难逢的祥瑞了。黄帝听后很不高兴，说：我即位以来，天下太平，为什么连凤凰的影子都没有见到？天老说：东面有蚩尤、西面有少昊、南面有炎帝、北面有颛顼，四方强敌虎视眈眈，哪里来的太平？黄帝听后便率兵攻讨，于是天下一统。这时他看见一只带有五彩翎毛的大鸟在天空翱翔，而数不清的奇珍异鸟围着它翩翩起舞。黄帝知道，这只大鸟就是凤凰，他看到的瑞象便是百鸟朝凤。

人们还用"凤毛麟角"来比喻难得的杰出人才或其他稀世珍宝。南朝宋刘义庆在《世说新语·容止》里记载：东晋将军桓温以"凤毛"一语称赞丞相王导的第五子王敬伦："王敬伦风姿似父。……桓公望之曰：'大奴固自有凤毛。'"麟，麒麟，传说中的神兽。《北史·文苑传序》："学者如牛毛，成者如麟角。""麟角"，和凤毛一样，形容少而珍贵。

中国古代诗歌中有大量描写"凤"的诗歌，比较有名的如唐朝伊梦昌《凤》："好是山家凤，歌成非楚鸡。毫光洒风雨，纹彩动云霓。竹实不得饱，桐孙何足栖。岐阳今好去，律吕正凄凄。"唐朝杨嗣复《仪凤》："八方该帝泽，威凤忽来宾。向日朱光动，迎风翠羽新。低昂多异趣，饮啄迥无邻。郊薮今翔集，河图意等伦。闻韶知鼓舞，偶圣愿逶巡。比屋初同俗，垂恩击壤人。"唐朝李峤《凤》："有鸟居丹穴，其名曰凤凰。九苞应灵瑞，五色成文章。屡向秦楼侧，频过洛水阳。鸣岐今日见，阿阁仁来翔。"

在汉语中，"凤"也被用来组合成为数不少的成语、谚语和歇后语。其中以成语居多，如：凤毛龙甲、凤毛麟角、雏凤清声、梧凤之鸣、凤毛鸡胆、认鸡作凤、托凤攀龙、攀龙附凤、威凤祥麟、腾蛟起凤、乘龙配凤、鞭麟笞凤、凤表龙姿、锁凤囚鸾、中原麟凤、凤雏麟子、麟凤龟龙、望女成凤、莺翔凤集等。用"凤"组成的谚语数量较少，如：宁做鸡头，不做凤尾；落水的凤凰不如鸡。用"凤"组成的歇后语有：凤凰麻雀换巢——贵贱颠倒；凤凰山上没凤凰——徒有虚名；凤凰身上插鸡毛——多此一举；凤凰树开花——红极一时。

龟

龟 guī　"龟"的甲骨文、金文、小篆分别写作龟、龟、龟。甲骨文的龟为象形字，其形像乌龟。金文还是象形字。所以"龟"的本义就是乌龟。中国古代文献是这样描写"龟"的，《说文解字·龟部》："龟，旧也。外骨内肉者也。从它，龟头与它（蛇）头同。天地之性，广肩无雄。龟鳖之类，以它（蛇）为雄。象足、甲、尾之形。凡龟之属皆从龟。"《初学记》卷三十引

《洪范五行传》："龟之言久也，千岁而灵，此禽兽而知吉凶者也。"

龟属爬行纲龟鳖目龟科，陆栖性动物。也泛指龟鳖目的所有成员，是现存的最古老的爬行动物。特征为身体上部长有非常坚硬的甲壳，头、尾和四肢都有鳞，受到惊扰袭击时可以把头、尾及四肢缩回龟壳内。在中国常见的种类有乌龟，龟壳可熬制成龟胶，是常用的中药。大多数的龟为肉食性动物，以蠕虫、螺类、虾及小鱼等为食，亦食植物的茎叶。龟通常可以在陆上及水中生活，亦有可以长时间在海中生活的海龟。常见的大型陆龟种类有象龟，体长 1.5 米，重 200 千克，以载人爬行而著名。绿毛龟是人们喜爱的展览动物，它实际上是背甲上生育绿藻的金龟或水龟。龟的耐饥饿能力强，数月不进食也不至于饿死，一般乌龟两年左右换一次龟甲。其寿命可以长达 300 年，甚至千年。因此，龟在中华传统文化中是一种吉祥动物，象征着长寿与长生不老。中国古籍里就有许多这方面的记载，如《抱朴子·论仙》记载："谓生必死，而龟鹤长寿焉。知龟鹤之遐寿，故效其道引以增年。"宋朝诗人侯置在《水调歌头·为郑子礼提刑寿》里说："坐享龟龄鹤算，稳佩金鱼玉带，常近赭黄袍。"晋朝郭璞《游仙》："借问蜉蝣辈，宁知龟鹤年。"

长寿、稳健、坚持不懈、忍辱
负重、脚踏实地的龟，也因此赢得
了人们的喜爱，龟也就成为中国古
代的四灵动物之一，并且只有"龟"
在"四灵"中是真实存在的，因此
古人认为龟是人与天神之间联系的中介，通过它还可以领会神的意
志，尊崇龟就可以获得神的保佑。《十三经注疏》记载："象物，有
象在天……麟、凤、龙、龟谓之四灵。"《述异记》也说："龟一千
年生毛，寿五千岁谓之神龟，寿万年曰灵龟。"

龟还为中华民族文明的发展作出过重大贡献。商朝统治者迷
信鬼神，在他们行事以前往往用龟甲占卜吉凶，又在龟甲上刻记
所占事项及事后应验的卜辞或有关记事，其文字就称为甲骨文。
清末学者王懿荣在河南安阳殷墟发现的甲骨文，大多为盘庚迁殷
至纣亡的王室遗物。因发现于殷墟，又称为殷墟文字；因所刻多
为卜辞，故又称贞卜文字。甲骨文记载了三千多年前中国社会政
治、经济、文化等方面的资料，是现存最早最珍贵的历史资料，
成为研究历史、文学、语言的重要对象。

当然，龟在中国文化里的形象也是多样的，还时常扮演着不
光彩的角色。唐朝后期，龟开始由神圣的"灵物"变为詈辞。在
中国古代，因交通工具落后，被缠上了小脚的妓女应召去陪客的
时候，只能让男工像乌龟那样，把妓女背到酒肆，这些把妓女背
来背去的男工，就被称为"龟奴"；妓女年老色衰，如没有人赎

她从良，就只好下嫁给"龟奴"。而妓院里的老鸨也常常和嫖客们打情骂俏，老鸨的丈夫在这个时候只能躲避，缩在后边不能出面，因此被称为"乌龟"或者"龟头"，意思就是"龟奴"的头。但后来又推而广之，大家就把所有那些妻子红杏出墙的丈夫，都称为"乌龟"了。而如果明知妻子有染而又忍让而活，那就被称为"缩头乌龟"了。再后来，大家又根据龟和鳖的头上都长有绿色花纹的特点，把"乌龟"和"王八"称作"戴绿帽子"的人了。

"龟"也在汉语宝库里占据了重要位置，由"龟"组成了一定数量的成语、谚语、歇后语。成语如龟年鹤寿、刮毛龟背、龟龙片甲、龟鹤遐龄、鸡胸龟背、龟文鸟迹、无待蓍龟、龟厌不告、筮短龟长、缩头乌龟、龟龄鹤算、犀顶龟文、蝉腹龟肠、兔角龟毛、龟玉毁椟、悬龟系鱼、金龟换酒、传龟袭紫、龟龙麟凤、十朋之龟等。用"龟"组成的谚语比较少，如千年王八万年龟。相反，用"龟"组成的歇后语就多一些，如：乌龟垫床脚——硬撑；乌龟笑鳖爬——彼此彼此；乌龟莫笑鳖——都在泥中歇；乌龟爬泥潭——越爬越深；乌龟爬在门槛上——进退都要跌一跤；乌龟吃秤砣——铁心王八；乌龟请客——尽是王八；乌龟吃王八——六亲不认；旱地的乌龟——无地容身；黄鼠狼啃乌龟——无从下口；乌龟打架——硬碰硬；乌龟吃煤炭——黑心王八；乌龟遭牛踩一脚——痛在心里头；乌龟爬旗杆——想高升；乌龟变黄鳝——解甲归田。有趣的是，含"龟"字的词汇，褒义的占多数，并且大多是形式整齐的成语，而关于乌龟的通俗易懂的俗语、歇后语大多为贬义。

麟

麟 lín　麒麟，古代传说中的一种动物。形状像鹿，头上有角，全身有鳞甲，尾像牛尾。古人以其为仁兽、瑞兽，拿它象征祥瑞。甲骨文和小篆分别写作 🦌、麟。甲骨文的"麟"为象形字，形体就像一头鹿，表示麒麟形状似鹿。小篆的"麒"为形声字，"其"表声，是"祺"的省文，祺指吉祥，表示麒麟是一种吉祥的兽，所以"麒"的本义就是麒麟。中国古代文献是这样描述麒麟的，《玉篇·鹿部》："麟，麒麟也。"陆玑《毛诗草木鸟兽虫鱼疏》卷下："麟，麇身，牛尾，马足，黄色，圆蹄，一角，角端有肉。"《春秋·哀公十四年》有"西狩获麟"，杜预注："麟者，仁兽，圣王之嘉瑞也。"

"麟"乃麒麟的简称，是中国古代典籍中记载的一种动物，与凤、龟、龙共称为"四灵"。麟在传说中是神的坐骑，因此古人把麒麟当作仁兽、瑞兽。雄性称麒，雌性称麟。据古籍记载，从其外部形状上看，麒麟集龙头、鹿角、狮眼、虎背、熊腰、蛇鳞于一身。例如《京房易传》上记载说："麟，麇身、牛尾、狼额、马蹄，有五采，腹下黄，高丈二。"传说麒麟是天上的神物，而不是地上的东西，因而常常伴随着神灵出现，是神的坐骑，属火系，是天仙。后来由于封建皇帝对龙的褒扬，麒麟被排挤到民间，地位降低，成为民间祥瑞的独特代表。麒麟一般不会飞，但是成年的麒麟被人们描绘成是会飞的。成年的麒麟能大能小，平时比较慈祥，发怒时异常凶猛。麒麟长寿，能活两千年。传说麒麟还能吐火，声音大如雷鸣。

麒麟是中国古代先人创造出来的虚幻动物之一，其形象集中了人们喜爱的一些动物所具备的全部优点。在中国诸多的民间传说中，关于麒麟的故事虽然不是很多，但其在人们生活中却实实在在地无处不体现出它特有的珍贵和灵异，寄托着人们某种美好的愿望。

麒麟文化是中国的传统民俗文化。盼麒麟送子，就是中国古代的生育崇拜之一。相传麒麟为仁兽，是吉祥的象征，能为人带来子嗣。传说孔子出生的那天晚上，有麒麟吐玉书于其家，上面写着"水精之子孙，衰周而素王"的字句，意思是说他有帝王之德而未居其位。此说虽未经证实，但实为"麒麟送子"之本，见载于王充《论衡·定贤》及晋王嘉《拾遗记》。民间有"麒麟儿"、"麟儿"之美称。南北朝时，对聪颖可爱的男孩，人们常呼为"吾家麒麟"。从此以后，"麒麟送子图"就作为民间木版画，上刻对联"天上麒麟儿，地上状元郎"，以此为佳兆。中国民间流传着求拜麒麟可以生育得子的习俗。如杜甫《徐卿二子歌》："君不见徐卿二子生绝奇，感应吉梦相追随。孔子释氏亲抱送，并是天上麒麟儿。"胡朴安《中华全国风俗志·湖南》引《长沙新年纪俗诗》："妇女围龙可受胎，痴心求子亦奇哉。真龙不及纸龙好，能作麒麟送子来。"

中国传统文化中，麒麟还主太平，能给人带来丰年、福禄、长寿与美好。玄学称麒麟是岁星散开而生成，故乃祥瑞的象征，涵仁怀义。麒麟作为吉祥物，常被中国古代历朝所采用。史载汉武帝在未央宫建有麒麟阁，图绘功臣图像，以表嘉奖和向天下昭示其爱才之心。麒麟种类有送子麒麟、赐福麒麟、镇宅麒麟，各自的名字即代表其寓意，现今很多普通老百姓家常有摆放。

麒麟也常被用来命名，如云南曲靖麒麟区、江苏南京江宁区麒麟街道、江苏南通海门市麒麟镇、安徽安庆市枞阳县麒麟镇等。

麒麟早在我国最早的诗歌总集《诗经》里就被作为歌咏对象，《麟之趾》："麟之趾，振振公子，于嗟麟兮。麟之定，振振公姓，于嗟麟兮。麟之角，振振公族，于嗟麟兮。"翻译成现代汉语，即：麟的脚趾呵，仁厚的公子呵。哎哟麟呵！麟的额头呵，仁厚的公姓呵。哎哟麟呵！麟的尖角呵，仁厚的公族呵。哎哟麟呵！

在汉语里，"麟"组成了大量的成语，如：蝉衫麟带、凤雏麟子、凤鸣麟出、凤毛麟角、龟龙麟凤、景星麟凤、麟凤龟龙、麟凤一毛、麟凤芝兰、麟肝凤髓、麟角凤距、麟角凤嘴、麟角虎翅、龙骧麟振、麟趾呈祥、龙章麟角、泣麟悲凤、麒麟皮下、天上麒麟、天上石麟、威风祥麟。这些成语基本上都是褒义的，这与"麟"在汉民族心目中的神圣地位是分不开的。至于用"麟"组成的谚语则比较少，诸如功名图麒麟，战骨当速朽；驽马并麒麟，寒鸦配鸾凤；新买葵扇画麒麟，两人讲过千年情等。歇后语有：一脚踩死个麒麟——不知贵贱（比喻不懂好歹）。

三、家养动物与相关汉字

猫

　　猫 māo　　"猫"的小篆写作𤢏。小篆的"豸"表意，其形像食肉兽，表示猫也是一种食肉动物；"苗"表声，苗有小的意思，表示猫是一种小型食肉动物，也表示猫的叫声如"苗"。楷书从犬，表示猫是家中饲养的动物；苗为声旁。所以，"猫"就是会抓老鼠的家畜。在中国古代文献里有各种对"猫"的解释，诸如《玉篇·犬部》："猫，食鼠也。或作'貓'。"《慧琳音义》卷三十二"兔猫"注引顾野王云："似虎而小，人家畜养令捕鼠。"《礼记·郊特牲》："迎猫，为其食田鼠也"。

　　猫的头部呈圆形，面部比较短小。猫的前肢有五指，后肢有四趾，趾端具锐利而弯曲的爪子，爪子能伸能缩。猫常常以伏击的方式来猎捕其他动物，大多能攀缘上树。猫的趾底有脂肪质肉

垫，捕鼠时不会吓跑鼠。猫在休息和行走时将爪缩进去，以免在行走时发出声响，同时防止爪被磨钝。猫的种类繁多，按品种培育角度分类，可分为纯种猫和杂种猫；按生活环境分类，可分为家猫和野猫；根据毛的长短来分类，则有长毛猫和短毛猫。

猫的性情温顺，聪明活泼，因此作为人类家庭宠物已经有相当长的历史了，在欧美国家，家猫驯养程度尤其高。世界最早对猫类有记载的文献就是中国西周时代的《诗经·大雅·韩奕》，当中内容有："有熊有罴，有猫有虎。"猫之所以没能成为中国十二生肖动物之一，据民间传说是因为猫与鼠骑在牛背上，鼠却将猫推下水，而等到猫爬回岸边碰上玉帝时，已经成了第十三名，因而落选，这也是中国神话传说给出的猫捉老鼠的原因。

猫为众人所喜爱，自然也成了中国古代诗人们歌咏的对象，如宋朝黄庭坚的《乞猫》："秋来鼠辈欺猫死，窥瓮翻盘搅夜眠。闻道狸奴将数子，买鱼穿柳聘衔蝉。"《谢周文之送猫儿》："养得狸奴立战功，将军细柳有家风。一箪未厌鱼餐薄，四壁当令鼠穴空。"宋朝陆游的《赠猫》："执鼠无功元不劾，一箪鱼饭以时来。看君终日常安卧，何事纷纷去又回？"

汉语里，"猫"构成的成语有："猫鼠同眠"，指猫同老鼠睡在一起。比喻官吏失职，包庇下属干坏事。也比喻上下狼狈为奸。又如"照猫画虎",比喻照着样子模仿。"争猫丢牛"则用来比喻贪小失大。更重要的是,"猫"构成了大量的歇后语,如:猫儿念经——假充善人;猫嘴里的老鼠——剩不了啥;猫咬老虎——冷不防;猫爪伸到鱼缸里——想捞一把;猫披老

虎——抖威风;猫肚子放虎胆——凶不起来;猫守鼠洞——不动声色;猫被老虎撵上树——多亏留一手;猫戏老鼠——哄着玩;猫不吃死耗子——假斯文;猫捉老鼠狗看门——本分事;猫不吃鱼——假斯文;猫儿抓老鼠——祖传手艺;猫钻鼠洞——通不过;猫儿教老虎——留一手;猫钻狗洞——容易通过;耗子生儿——喂猫的货。这些歇后语以"猫"的敏捷、灵巧、外表斯文等特点作比喻,既形象生动而又富于哲理,在汉语宝库里留下了浓重的一笔。

鸭

鸭 yā　小篆写作鸭。"鸭"为形声字,左边为声符,右边为意符,表示"鸭"属"鸟"类。《说文新附·鸟部》:"鸭,鹜也。俗谓之鸭。从鸟,甲声。"《玉篇·鸟

部》："鸭，水鸟。"北魏贾思勰《齐民要术·养鹅、鸭》："鹅唯食五谷、稗子及草、菜，不食生虫。鸭，靡不食矣。"这些是中国古代典籍对"鸭"所作的描述。

鸭是雁形目鸭科鸭亚科水禽的统称。家鸭是由野生绿头鸭和斑嘴鸭驯化而来的。鸭的体形相对较小，颈部短，趾间有蹼，善于游泳，野鸭会飞；腿短且位于身体后方，因而步态蹒跚。鸭的种类很多，例如绿头鸭是一种典型的钻水鸭，是大部分家鸭的祖先，绿头鸭春天从南方飞到北方产卵，秋天再飞到南方越冬；栖鸭，如莫斯科鸭有长爪，是最喜欢树栖的鸭。

鸭在中国文化中也占有一席之地，常常成为诗人、画家等笔下的素材，如宋朝苏轼的《惠崇春江晚景》："竹外桃花三两枝，春江水暖鸭先知。蒌蒿满地芦芽短，正是河豚欲上时。"宋朝戴敏的《初夏游张园》："乳鸭池塘水浅深，熟梅天气半阴晴。东园载酒西园醉，摘尽枇杷一树金。"除此之外还有现代著名作家沈从文的小说《鸭子》，朱宣咸中国画《春风》、《春江水暖》和《知秋》等都将鸭子作为刻画的对象。

在汉语里，由"鸭"组成的成语有：鸭步鹅行、水过鸭背。另外，"鸭"还构成了很多的歇后语，如：武松看鸭子——英雄无用武之地；赶鸭子上架——强人所难；鸡孵鸭子——白忙活；狗咬鸭子——呱呱叫；孙悟空放鸭子——大材小用；懒婆娘放鸭子——不捡蛋（简单）；天津卫的鸭子——海逛；挨了打的鸭子——乱窜；鸭子走路——左右摇摆；鸭群里闯进一只鹅——数你脖子长；鸭子肉好吃——就是嘴硬；鸭子的嘴——煮不烂；鸭背上泼水——两不沾；鸭吃大椒——直摇头；鸭子改鸡——磨嘴皮。这些歇后语从不同的角度来说明生活道理，妙趣横生。

鹅

鹅é 小篆写作鵞。可以看出，"鹅"为形声字，右边为"鸟"，形旁，表示"鹅"属鸟类；左边为声旁，表示"鹅"的大概读音。中国古代典籍是这样描写鹅的，如《慧琳音义》卷七十五有"鹅鹜"，注引顾野王云："鹅，形似雁，人家所养者也。"《容斋随笔·久而俱化》卷七："今人呼鹅为舒雁，或称家雁，其褐色者为雁鹅，雁之最大者曰天鹅。"

鹅是鸟纲雁形目鸭科动物的一种家禽，又称家雁、舒雁。成年的鹅比鸭大，颈部较长，喙扁阔，尾巴短小，羽毛呈白色或者灰色，额部有肉质突起，雄的突起较大，脚大有蹼，善游水。鹅特别喜爱吃青草，耐寒性很强，合群，有较强的抗病能力；生长也很快，寿命较其他家禽长，肉质鲜美，常栖息于池塘等水域附近。中国家鹅来自鸿雁，欧洲家鹅则来自灰雁，在三四千年前已被人类驯养。中国古籍《南华经》中记载："命竖子杀雁而烹之，竖子请曰，其一能鸣，其一不能鸣，请奚杀。主人曰：'杀不能鸣者。'"这说明中国在公元前400年以前就已经有成熟的家鹅驯养技术了。

在中国文化中，也有很多关于鹅的记载。最有名的要数晋朝著名书法家王羲之酷爱鹅的故事。不管哪里有好鹅，王羲之都有兴趣去看一看，或者干脆就把它买回来赏玩。因为鹅走起路来不急不慢，游起泳来也是一副悠闲自在的样子，所以王羲之非常爱鹅、喜养鹅，他认为养鹅不仅可以陶冶人的情操，还可以从鹅的体态、行走和游泳姿势中，体会出自然就是美的精神以及书法运笔的奥妙，领悟到书法执笔、运笔的道理。王羲之爱鹅在当时是出了名的，在他居住的兰亭，他特意建造了一口池塘养鹅，后来干脆为其取名"鹅池"，池边建有碑亭，石碑刻着"鹅池"二字，字体雄浑，笔力遒劲。

咏鹅诗也成了中国古典诗歌里的一朵奇葩，如唐代诗人骆宾王在他七岁时候就写出了家喻户晓的《咏鹅》："鹅，鹅，鹅，曲项向天歌。白毛浮绿水，红掌拨清波。"其他如李商隐的《题鹅》："眠沙卧水自成群，曲岸残阳极浦云。那解将心怜孔翠，羁雌长共故雄分。"杜甫的《舟前小鹅儿》："鹅儿黄似酒，对酒爱新鹅。引颈嗔船逼，无行乱眼多。翅开遭宿雨，力小困沧波。客散层城暮，狐狸奈若何。"李郢的《鹅儿》："腊后闲行村舍边，黄鹅清水真可怜。何穷散乱随新草，永日淹留在野田。无事群鸣遮水际，争来引颈逼人前。风吹楚泽蒹葭暮，看下寒溪逐去船。"

在汉语里，由"鹅"构成的成语有：鹅毛大雪、千里鹅毛、水净鹅飞、鹅王择乳、鸡争鹅斗、鸭行鹅步、鸡声鹅斗。而跟"鹅"有关的歇后语有：千里送鹅毛——礼轻情意重；鹅伸脖子——等着挨刀；鹅在水中寻食——尾巴翘上天；鹅盆里不准鸭插嘴——独食独吞；三斤半的鸭子——充鹅；王羲之看鹅——专心致志；鹅上台阶——靠猛劲。

鸽

鸽 gē 小篆写作鴿。"鸽"为形声字，左边的"合"为声旁，合有两相合意之义，表示鸽很少杂交。《广韵·合韵》："鸽，鸟名。"《说文解字·鸟部》："鸽，鸠属。从鸟，合声。"《说文解字·鸟部》段玉裁注："鸽，鸠之可畜于家者。"《急就篇》卷四有"鸠鸽鹑鴳中网死"，颜师古注："鸽似鹑鸠而色青白，其鸣声鸽鸽，因以名云。"

鸽是中国和世界其他各地一种很常见的鸟，属鸽形目鸠鸽科鸟属鸽种。鸽子亦称飞奴、鹁鸽。鸽子的祖先是野生的原鸽。早在几万年以前，野鸽成群结队地飞翔，在海岸、险岩、岩洞、峭壁筑巢、栖息、繁衍后代。由于鸽子具有本能的爱巢欲，归巢性强，同时又有野外觅食的能力，久而久之被人类所认识，于是人们就从无意识到有意识地把鸽子作为家禽饲养。有关史料记载，早在 5 000 年以前，埃及和希腊人已把野生鸽训练为家鸽了。鸽有野鸽和家鸽两类。野鸽主要有岩栖和树栖两类。家鸽经过长期培育和筛选，有食用鸽、玩赏鸽、竞翔鸽、军用鸽和实验鸽等多种。当今世界各大洲都有各自的野生鸽和家养鸽。世界各国对鸽子的种类统计不尽相同。日本《动物的大世界百科》介绍说，地球上的鸽子有 5 个种群，共 250 种；而日本《万有大事典》记载鸠鸽科的鸟类多达 550 种。我国也是养鸽古国，有着悠久的养鸽、驯鸽的历史。隋唐时期，在我国南方广州等地已开始用鸽子通信。

鸽在中国传统文化中一直占有比较重要的位置。鸽子是和平的象征，也是我国画家最喜欢的素材之一，著名画家齐白石、李苦禅、王雪涛等都画过鸽子图，他们笔下的鸽子英姿勃勃，风格各异，都能给人们以美的享受。著名画家齐白石更是画鸽的高手，画了许许多多姿态各异的鸽子，形神兼备，栩栩如生。他通过描绘鸽子的形象来寄托对和平生活的美好祝愿，把他自己热爱和平、热爱生活的美好心愿都倾注在对鸽子的描绘上，赋予了鸽子鲜活的艺术感染力。

"鸽"诗也是中国古典诗歌领域的一朵奇葩，这里选录其中的两首咏鸽诗，一为唐朝诗人徐夤的《白鸽》："举翼凌空碧，依人到大邦。粉翎栖画阁，雪影拂琼窗。振鹭堪为侣，鸣鸠好作双。狎鸥归未得，睹尔忆晴江。"一为宋朝梅尧臣的《野鸽》："孤来有野鸽，觜眼肖春鸠。饥肠欲得食，立我南屋头。我见如不见，夜去向何求。一日偶出群，盘空恣嬉游。谁借风铃响，朝夕声不休。饥色犹未改，翻翅如我仇。炳哉有露凤，天抑为尔俦。翕翼处其间，顾我独迟留。风至吾道行，风去吾道休。鸽乎何所为，勿污吾铛瓯。"

汉语中，由"鸽"组成的成语较少，如怖鸽获安，比喻走投无路的人又获得了安身之地。而用"鸽"构成的歇后语则比较多，如：老鸽落在猪背上——一个赛过一个黑（比喻一个更比一个坏）；拔了毛的鸽子——看你咋飞；树梢上逮老鸽——不好捉摸；鸽子戴风铃——虚张声势；鸽子粪上绿豆——得劲；宰个鸽也要请屠夫提刀——小题大做；煮熟的鸽子飞了——怪事；野鸽子起飞——下落不明。

驴

驴 lú　小篆写作驢。小篆"驴"为左形右声，从马，"马"为形旁，就像一匹马，表示驴的形体很像马；"卢"为声旁，卢有"黑"义，表示驴大多呈灰黑色而体形小，比马逊色。简体字则从马、从户，表示驴样子像马而形体较小。

驴是马科动物的一种，耳朵比较长，尾巴有尾柄，很像牛尾巴。驴的体色一般为灰色，也有白色和黑色品种，但都有一个白色眼圈。体形总的来说比马和斑马都小，但品种不同，体形大小各异，小的如大狗，大的可能和马一样高。驴的形象像马，但不如马威武雄壮，它的头部大，耳朵长，胸部稍窄，四肢瘦弱，躯干较短，呈正方形。颈项皮薄，蹄子小但坚实，体质健壮，抵抗能力很强。驴很结实，耐粗放，不容易生病，并有性情温驯、吃苦耐劳、听从使役等优点，加上驴比马的适应性强，可以忍受粗食、重负，因此一直是人类重要的役使动物。在中国，驴被驯养的历史很长。早在 4 000 年前左右的殷商时代，新疆莎车一带就已开始驯养驴，并繁殖其杂种。其自秦代开始逐渐由中国西北及印度进入内地，被当作珍稀家畜。汉代以后，就有大批驴、骡由西北进入陕西、甘肃及中原内地，被作役畜使用。

驴在中国文化中也占有一定的地位。驴对危险相当敏感，它在感觉到某些东西会对自己有威胁时就会不听人的使唤，显得相当执拗，中国人就称这一特性为"驴脾气"。但驴在一般情况下性情还是温顺的，甚至可以听从孩子的调遣，因此现在有人把小型驴作为宠物养，用来供孩子骑乘。

驴在我国的古籍和神话中也经常出现。例如八仙之一的张果老的坐骑就是驴。《三国演义》中的黄承彦也有"骑驴过小桥，独叹梅花瘦"的浪漫故事。《水浒传》中陈抟，乃至中亚民间传说中的智者阿凡提亦皆骑驴。与骑马的八面威风不同，在人们眼中，骑驴是超凡脱俗的风雅之举。中国古代还有成语故事"黔驴技穷"，讲的是高大的驴刚开始还能吓唬住不曾见过驴的老虎，用来讽刺那些无能而又肆意逞志的人，作者在暗中也讽刺了当时那些仗势欺人而又无才无德、外强中干的上层统治者。到后来，这个成语就被用来比喻貌似强大的东西并不可怕，只要敢于斗争并善于斗争，就一定能够取得胜利。现在这个成语多用来形容一个人用尽了全部的力量，再也没有更好的办法了。

驴肉可食用，在中国美食文化中占有重要的地位。清朝有"生挫驴肉"的吃法。中国河北保定有著名小吃"驴肉火烧"，是在烙熟的面饼中加入熟驴肉而成。驴奶营养价值也很高，驴奶与人奶极为相近，营养成分与人奶的重合率高达99%，是人奶的最佳替代品，且驴奶具有滋润皮肤，改善皮肤状态的功效。

中国古代诗歌里有大量写"驴"的诗篇，比较著名的是北宋王安石的《驴二首》，书写了驴的形象及品质。其一为："力侔龙象或难堪，唇比仙人亦未惭。临路长鸣有真意，盘山弟子久同参。"其二："虽得康庄亦好还，每逢沟堑便知难。由来此物非他物，莫道何曾似仰山。"

汉语里，用"驴"组成的成语有：驴鸣犬吠、驴生戟角、好心当成驴肝肺、驴唇马嘴、驴（头）唇不对马嘴、借坡下驴、顺毛摸驴、倒驴不倒架、驴前马后、非驴非马、卸磨杀驴、博士买驴、三纸无驴、骑驴索句、黔驴技穷、黔驴之技等。而用"驴"构成的谚语有：张驴儿上公堂，恶人先告状；草驴十年买，叫驴十年卖；先钉桩子后系驴，先撒窝子后钓鱼。用"驴"组成的歇后语：纸糊的驴——大嗓门儿；羊圈里的驴粪蛋——数你大；骑驴看唱本——走着瞧；张果老骑驴——倒着走；磨上的驴子——听喝的；磨道里的驴子——走不出圈套；奏着唢呐赶毛驴——吹吹拍拍。

蚕

蚕 cán　昆虫，有"家蚕"和"柞（zuò）蚕"，通常指"家蚕"，吃桑叶，吐丝做茧。丝可织绸缎。蚕的小篆写作蠶。"蚕"的繁体字为"蠶",承小篆形体而来,其甲骨文为"蚕"的象形字。《说文解字》:"蚕,任丝也,从蚰,朁声。"所谓"任",即"胜任"之意,也就是"吐"的意思,"任丝"就是吐丝。"蚕"是一个形声兼会意字。至于简化字的"蚕",从"虫",从"天",反映了蚕这种昆虫的由来。天,指自然界,因为蚕本来是野生的,后经古人培育而为家生。所谓"天虫",就是来自自然界的一种虫。其实,如果简化字的"蚕"上能用"天"为意符更好,更能体现"蚕"这种昆虫的特征。因为"天"有弯曲之意,形容蚕这种软体昆虫弯弯曲曲爬行的样子。其意思是:一种体态柔软,爬行时弯弯曲曲的昆虫。《广韵·覃韵》:"蚕,吐丝虫也。"

蚕属于节肢动物门昆虫纲鳞翅目蚕蛾科,是蚕蛾的幼虫。蚕蛾是昆虫的一种,原产于中国,被驯化后在室内饲养,故又称为家蚕。家蚕的虫及蛹可以食用,并且有食疗

的功效。蚕还是丝绸原料的主要来源,在人类经济生活及文化历史上有重要地位。蚕原产于中国北部,以桑叶作为食物。成虫的蛾不能飞,又被称为"蚕蛾",饲养的蚕蛾只是用于产卵以繁殖

后代。因为其久远的历史和经济上的重要性，家蚕的基因已成为现代科学的重要研究对象。养蚕和利用蚕丝是人类生活中的一件大事，在4 000多年前对此已有记载，至少在3 000年前中国已经开始人工养蚕，公元551年，有两个外国修道士把蚕茧带到欧洲。蚕吐丝结茧时，它的头总是时而抬高，时而垂下，并不停地左右摆动着。如果用放大镜仔细观察，蚕作茧的丝，是一个个排列得很整齐的"8"字形丝围，每20多个丝围叫作一个丝列。家蚕的茧子都是两头稍细，中间稍粗，很像一颗花生。蚕每结好一枚茧，需要转换250至500次位置，编织约6万个"8"字形丝围。蚕就是这样不停地编织，将自己体内的丝完全抽尽后，才化蛹变蛾，接种传代，世世代代为人类造福，故有"春蚕到死丝方尽"之说。

中国养蚕的历史悠久，甲骨文中已有了"蚕"字，说明至少在商代就已开始养蚕了。关于养蚕的记载早见于《尚书·禹贡》："桑上既蚕，是降丘宅土。"孔颖达疏："宜桑之土，既得桑养蚕矣。"

在中国传统文化中，蚕也是人们神灵崇拜的对象，即蚕神。蚕神在古代有蚕女、马头娘、马明王、马明菩萨、蚕花娘娘、蚕丝仙姑、蚕皇老太等多种称呼，是中国古代传说中的司蚕桑之神。中国是最早种桑饲蚕的国家，在古代男耕女织的农业社会经济结构中，蚕桑占有重要地位。所以无论是古代统治阶级还是普通的劳动者都对蚕神有着很高的敬意。

中国古代统治者也一直重视祭祀蚕神的活动。历代皇宫内都设有先蚕坛，供皇后亲蚕时祭祀用。每当养蚕之前，都会杀一头牛来祭祀蚕神嫘祖，仪式相当隆重。民间的蚕神崇拜也是蚕乡风俗中最重要的活动。除祭祀嫘祖外，各地所祭拜的蚕神有诸如"蚕母"、"蚕花娘娘"、"蚕三姑"、"蚕花五圣"、"青衣神"等。民间供奉蚕神的场所也不完全相同，有的建有专门的蚕神庙、蚕王殿，有的在佛寺的偏殿或所供养的菩萨旁塑造一尊蚕神像，有的蚕农家在墙上嵌砌神龛供奉"蚕神纸马"。以上有关蚕桑生产、祭祀蚕神的风俗习惯，有的来源于对蚕桑的原始信仰和崇拜，有的出于祛除蚕桑病祟的迷信行为，有的反映了对蚕桑丰收的祈祷和丰收后的庆贺，有的关系着蚕桑生产的人际关系和社会活动。这些风俗很多都带有迷信色彩，但是其中的精华成为中国传统文化遗产中的重要组成部分。

此外，蚕农们又在对蚕神进行祭祀时衍生出许多风俗，比如接蚕花。这是嘉兴、桐乡、海盐、海宁等地解放前盛行的一种古老仪式，春季在农户家中举行。仪式由赞神歌手主持，在整个仪式中有一个"接蚕花"节目，由歌手将事先准备好的一杆秤、一块红手帕、一张蚕花马幛和插在黄纸上的两朵红白纸花交给该家的女主人，同时诵唱"蚕花歌"，女主人恭敬地将各物收藏，称"接蚕花"。除此之外，还有如"蚕花水会"、"蚕花生日"、"请蚕花"、"做茧圆"、"谢蚕花"、"演蚕花戏"等活动。

"蚕"在历代的文学作品中，也是文人墨客们常常提及的对象。如南朝鲍令晖《作蚕丝》："春蚕不应老，昼夜常怀丝。何惜微躯尽，缠绵自有时。"唐朝于濆《野蚕》："野蚕食青桑，吐丝亦成茧。无功及生人，何异偷饱暖。我愿均尔丝，化为寒者衣。"唐朝蒋贻恭《咏蚕》："辛勤得茧不盈筐，灯下缫丝恨更长。著处不知来处苦，但贪衣上绣鸳鸯。"元朝王冕《蚕作茧》："老蚕欲作茧，吐丝净娟娟。周密已变化，去取随人便。有为机中练，有为琴上弦。弦以和音律，练以事寒喧。其功不为小，其用已为偏？作诗寄蚕姑，辛苦匪徒然。"唐朝李商隐《无题》："相见时难别亦难，东风无力百花残。春蚕到死丝方尽，蜡炬成灰泪始干。晓镜但愁云鬓改，夜吟应觉月光寒。蓬山此去无多路，青鸟殷勤为探看。"其中以"春蚕到死丝方尽"流传千古，用"丝"喻指男女之间绵绵不断的情思和忠贞不移的爱情。时至今日，由于蚕有"到死丝方尽"的特征，人们认为其有无私奉献的精神，以此作为激励。

汉语中自然少不了"蚕"的身影，由"蚕"组成的许多的成语、谚语、歇后语，极大地充实了汉语言宝库。组成的成语有："春蚕抽丝"，形容人的思绪、言谈内容牵扯无尽。"春蚕自缚"，像蚕作茧自缚，比喻自己束缚自己。"老蚕作茧"，老蚕吐丝作茧，把自己包在里面，比喻自己束缚自己。"鲸吞蚕食"，像鲸鱼吞食一口吞下，像蚕吃桑叶一样逐步侵占，比喻用各种手段侵吞。"蝉联蚕绪",比喻连接相承。"蚕丝牛毛",比喻多而细密。"佴之蚕室",居住于蚕室,指受宫刑。"蚕头燕尾",形容书法起笔凝重,结笔轻疾。用"蚕"组成的谚语不是很多,如:小蚕保苗,大蚕壮膘;麦熟一晌,蚕老一时;要得富,种桑树;宁叫蚕老叶不尽,莫叫叶尽蚕不老;小蚕放山腰,三眠放山脚;不耕而食,不蚕而衣。歇后语有:僵蚕放在蚕蔟上——一丝不挂;蚕宝宝牵蜘蛛——丝(私)连丝(私);蚕宝宝作茧——自己捆自己;蚕宝宝做梦——想(相)丝(思);蚕爬扫帚——净找杈(茬)儿。

四、野生动物与相关汉字

象

象 xiàng　甲骨文、金文和小篆的形体分别写作 𧰼、𧰼、𧰼。"象"的甲骨文为象形字，上部是大象的头，鼻子向左上方伸展，中间是身子，最下端是尾。金文形体就像一头大象的形状，小篆的象形意味已消失。中国古代文献是这样描述象的，如《说文解字·象部》："象，长鼻牙，南越大兽，三年一乳。象耳牙四足之形。"李白《大猎赋》："探牙象口。"王琦辑注引《尔雅翼》："象，南越之大兽，兽之最大者。形体特诡，三岁一乳，其身倍数牛，而目不踰豕，鼻长六七尺，大如臂。其牙长一尺。"

象属于脊索动物门哺乳纲长鼻目象科。象有灰、白两种颜色，体形庞大，大的身高有一丈多，是牛的好几倍。象的眼睛像猪，四脚像柱子一般粗壮，没有指甲而有爪甲。行走时先移动左脚，卧下时用臂着地。象的头不能俯地，颈不能旋转，耳朵下垂，鼻子长长的，能垂到地面上，平时弯卷着，鼻端很深，可以自由开合。象的鼻子有着犹如人的胳膊和手的作用，可用来摄取水和食物并送入口中，所以象一身的力量都集中在鼻子上，象如果伤了鼻子就会死掉。象是一种群居性的动物，以家族为组合单位，有时数个家族结合在一起组成上百只象的大群体，由一只成年雌象率领。象是一种和睦、互助而又富于爱心的动物，象群内的母象常常帮助产崽母象照管幼象。如果一只象受伤了，往往有两只象在两旁夹扶着它继续行走，以躲避猎人的追捕。象群中如果有象死亡，其余的象会在它周围久久徘徊而不肯离去。

数世纪以来我国一直驯养亚洲象，用以狩猎、驮运货物和搬运树木等。在我国民间传说中，象是舜帝同父异母的弟弟，骄横跋扈，多次设计害舜。舜总以孝德的行为感化他，终于使他悔过自新，弃恶从善。有一次，舜帝在九崖山里与一条作恶多端的巨蟒搏斗了三天三夜。舜帝杀死了巨蟒，消除了大害，自己也不幸身亡。消息传来，象悲痛万分，想起自己过去辜负了哥哥，想起哥哥对自己的宽容和教诲，一边痛哭，一边向九崖山中奔去，由于过度劳累和悲痛，便倒在路上再也没有起来。象死后，化成了一个石像。石像前肢跪下，低着头，长长的鼻子直

插地里，朝着远处的舜源峰伏拜。

中国古代描写象的诗歌有宋朝邵雍《大象吟》："大象自中虚，中虚真不渝。施为心事业，应对口功夫。伎俩千般有，忧愁一点无。人能知此理，胜读五车书。"

在汉语里，也有用"象"构成的成语和歇后语。用"象"组成的成语有：盲人说象、盲人摸象、蛇欲吞象、象齿焚身。而跟"象"有关的歇后语有：大象吃蚊子——无从下口；大象逮老鼠——有劲使不上；大象的鼻子——能屈能伸；大象的屁股——推不动；蛇吞大象——好大的胃口；大象走路——稳重；大象逮跳蚤——有劲使不上；大象嘴里拔牙——胆子不小；猴子吃大象——亏他张得开嘴；大象抓凤凰——眼高手低。由此可见"象"在中国人心目中的分量。

鹿

鹿 lù　鹿的甲骨文、金文、小篆分别写作 、 、 。"鹿"的甲骨文形体是一个象形字，像一只头朝左尾朝右、头上长着很漂亮的鹿角的鹿。金文形体还是像鹿的形象。小篆形体已方块化，象形意味减弱。我国第一部字典，即东汉时的《说文解字》中是这样解释的，《说文解字·鹿部》："鹿，兽也。象头角四足之形。"

鹿是人们喜爱的一种野生哺乳动物，属反刍类偶蹄目鹿科。鹿的普遍特点是：四肢细长、尾巴较短，雄性体形大于雌性；通常雄性有角，有的种类雌雄都有角或都无角；腿细长，善于奔跑。鹿的种类繁多，我国就有二十多种，中国产的鹿占世界鹿种的将近一半。鹿在中国分布很广，但分布最多的是新疆、内蒙古、东北等地。镜泊湖周围森林里栖息的主要是珍贵的梅花鹿。镜泊湖林区群山起伏，柞树成林，有充足的水源和丰盛的饲草，是天然牧场。除了野生鹿外，一些林场、农场、农村都有养鹿场。所有种类的鹿肉均可吃，皮可制革，其中梅花鹿的鹿茸还是名贵的药材。

在中国传统文化中，鹿也占有一席之地。因"鹿"与"禄"谐音，故用以比喻帝位。《汉书·蒯通传》："且秦失其鹿，天下共逐之。"张晏注："以鹿喻帝位也。""鹿"也是中国少有的姓氏，多聚集于北方地区，如山东、河北、山西以及江苏北部等地。还有《尸子》记载："鹿驰走，无顾，六马不能望其尘。所以及之者，顾也。"意即鹿勇往直前地奔跑，不回头张望，六匹马驾驭的车追捕它，连它扬起的尘土也看不见。人们之所以能逮住它，那是由于它回头张望呀。这则寓言，赞颂了鹿勇往直前的进取精神。

鹿也是中国姓氏之一。传说其来源有三，一是卫国公族被封于伍鹿（今河南省濮阳市）者，其后裔子孙遂以邑名为氏，称"伍鹿"氏，后又改为单姓鹿姓与伍姓等，相传至今，为鹿姓正宗。二是相传骆宾王反对武后失败，宗族内有人为了避祸，改为鹿姓。三是鲜卑拓跋部"阿鹿桓氏"，被孝文帝汉化后改为鹿姓。

中国古代诗歌里写鹿的诗，如唐朝施肩吾《山中玩白鹿》："绕洞寻花日易销，人间无路得相招。呦呦白鹿毛如雪，踏我桃花过石桥。"唐期李峤《鹿》："涿鹿闻中冀，秦原辟帝畿。柰花开旧苑，萍叶蔼前诗。道士乘仙日，先生折角时。方怀丈夫志，抗首别心期。"唐朝韦应物《述园鹿》："野性本难畜，玩习亦逾年。魔班始力直，麛角已苍然。仰首嚼园柳，俯身饮清泉。见人若闲暇，蹶起忽低骞。兹兽有高貌，凡类宁比肩。不得游山泽，踽促诚可怜。"《虞获子鹿》："虞获子鹿，畜之城隅。园有美草，池有清流。但见蹰蹰，亦闻呦呦。谁知其思，岩谷云游。"

汉语里，"鹿"可以构成许多的词汇，如用"鹿"构成的成语有：鹿死谁手、逐鹿中原、群雄逐鹿、指鹿为马、鹿车共挽、即鹿无虞、鸿案鹿车、鹿驯豕暴、心头鹿撞、马鹿异形、獐麇马鹿、覆鹿寻蕉、覆鹿遗蕉、鹿裘不完等等。而跟"鹿"有关的谚语有：鹿有千年寿，步步担忧愁；猫鼠不同眠，虎鹿不同行。歇后语有：老虎吃鹿——死等；指鹿为马——不看事实；寿星骑仙鹤——没鹿了（没路了）；动物园里的长颈鹿——身高气傲；长颈鹿进羊群——高出一大截；长颈鹿的脖子丹顶鹤的腿——各有所长；长颈鹿的脑袋——突出／头扬得高。

狼

狼 láng　"狼"的小篆写作㺔。故"狼"是一个形声字，右边为声旁，只是大概的读音类别。左边为形旁，表示狼属犬类动物。"良"表声，有"很"义，表示狼的样子很像狗。所以狼就是样子像狗的一种野兽。中国古代文献里有许多关于"狼"的描写，如《说文解字·犬部》："狼，似犬，锐头，白颊，高前，广后。从犬，良声。"《慧琳音义》卷二十九"豺狼"注："狼，野兽也。北地沙漠多饶此兽。常居川泽，穴处。"陆玑《毛诗草木鸟兽虫鱼疏》："狼，牡名獾，牝名狼，其子名獥，有力者名迅。其鸣能小能大，善为小儿啼声以诱人，去数十步止。其猛捷者人不能制，虽善用兵者亦不能免也。其膏可煎和，其皮可为裘。"《隋书·五行志上》引《洪范五行传》："狼，贪暴之兽。"

狼，在中国传统文化里或称为灰狼，属哺乳纲犬科。狼的 DNA 序列与基因研究显示，狼与家犬有共同的祖先，为现生犬科动物中体形最大的物种。狼的外形和狼狗相似，但吻略尖长，口稍宽阔，耳朵竖立不曲。狼足较长，体形显瘦。狼尾呈挺直状下垂，毛色棕灰。栖息范围广，适应性强，凡山地、林区、草原、荒漠、半沙漠以至冻原均有狼群生存。狼既耐热，又不畏严寒；于夜间活动，嗅觉敏锐，听觉良好；生性残忍而机警，极善奔跑，常采用穷追方式获得猎物；杂食性，主要以鹿类、羚羊、兔等为食，有时也吃昆虫、野果或者盗食猪、羊等；能耐饥饿，亦可盛饱。狼的生存能力极强，因此在人们心目中，"狼"是生命力的象征。

狼在我国分布于除台湾、海南岛及其他一些岛屿外的各个省区，但目前主要分布在东北、内蒙古以及西藏等人口密度较小的地区。狼的适应性很强，可栖息范围广，海拔也不限制其分布，在青藏高原，狼的分布很广，密度也较大；在温带的草原地区，如内蒙古，草原狼的分布也很广。狼喜欢在人类干扰少、食物丰富、有一定隐蔽性的条件下生存。在我国华北、华中、华南各省份，狼的活动仅限于山区环境以及不适于人类开发的狭小的环境内。黑龙江、吉林、辽宁等省的狼的分布也仅限于山区。

狼经常出现在我国民间传说中，既有正面的东西，也有负面的东西。狼本身并无所谓狡猾或贪婪之本性，但狩猎时狼的机智，往往被渲染为凶残恶毒，并被用来形容贪婪、凶恶和忘恩负义的人，如成语"狼心狗肺"、"狼狈为奸"、"狼子野心"等。我国许多相关著作、歌曲、文学作品也常常以狼为题。如蒲松龄《聊斋志异》里的《狼三则》，齐秦的歌曲《北方的狼》，动画片《喜羊羊与灰太狼》等。狼千百年来不曾灭绝，也不被驯服，在优胜劣汰法则下的生活对人类极富启发意义，即狼能卧薪尝胆，表现在狼不会为了所谓的尊严在自己还弱小的时候去攻击比自己强大的对手；狼有着坚韧不拔的性格，能在非常艰苦的环境中生存；狼能团结一心，表现在狼如果不得不面对比自己强大的对手时必群起而攻之；狼能同进同退，狼虽然有时独自活动，但狼是最团结的动物，你不会发现有哪只狼在同伴受伤时独自逃走；狼能知己知彼，尊重对手，狼在每次攻击前都会先去了解对手，而不会轻视它，所以狼一生很少攻击失误。在我国古代，北方的匈奴族就曾以"苍狼"为图腾。狼在古代是勇猛的化身，古代绘有狼形标志的战旗，被称为"狼章"。狼还是古代姓氏之一。

早在《诗经》里就有歌咏狼的诗篇，如《狼跋》："狼跋其胡，载疐其尾。公孙硕肤，赤舄几几。狼疐其尾，载跋其胡。公孙硕肤，德音不瑕。"其他如《玄狼》："一凛玄毛绝壑丛，千寻幽碧认重瞳。云巅独啸霜晨月，大野孤行雪地风。抵死犹能逼虎豹，危生原不怕罴熊。居胥封作将军种，长恨勋名冠狗功。"

汉语中，"狼"构成了为数众多的成语，诸如：鬼哭狼嚎、狼心狗肺、鼠心狼肺、狼眼鼠眉、满目狼藉、声名狼藉、赃污狼藉、狼吞虎咽、虎咽狼餐、鹰视狼步、虎狼之势、狼奔鼠偷、狼奔兔脱、鼠窜狼奔、豕突狼奔、贪如虎狼、如狼似虎、狼子野心、鸷狠狼戾、引狼自卫、羊狠狼贪、引虎拒狼、引狼入室、豺狼虎豹、豺狼当道、狼前虎后、除狼得虎、拒虎进狼、虎狼之国、虎狼之师、狼猛蜂毒、狼贪鼠窃、狼顾狐疑、如狼牧羊、使羊将狼、狼狈不堪、狼狈为奸、驱羊战狼。这些跟"狼"有关的成语大多是贬义词,这可能跟"狼"在人们心目中的形象有关。而跟"狼"有关的歇后语有:狼头上长角——装羊(样);狼群里跑出羊来——不可能的事;狼看羊群——越看越少;狼窝里养孩子——性命难保;狼吃狼——冷不防;狼惜猪娃——还不了;狼装羊肥——不怀好意;狼装羊笑——居心不良;狼行千里吃肉——本性难移;狼不吃死孩子——活人惯的;狼啃青草——装羊(样);狼吃鬼——没影儿。这些歇后语基本上都是用来表达不好的事理。

狐

　　狐 hú　兽名。"狐"的甲骨文、金文和小篆分别写作 🦊、🦊、🦊。"狐"的甲骨文形体是"亡"加"犬"字,亡表丢失,犬表狩猎,造字本义为猎人难以捕捉的狡猾野兽。金文"亡"字部分写法有变，形象不明确。小篆形体则已演变成了左形右声的形声字，左边为形旁，表示"狐"属犬类；右边为声旁，指示其大概的读音。中国古代文献是这样描述"狐"的，李贺《神弦曲》有"青狸哭血寒狐死"之句，王琦注："狐，妖兽。说者以为先古淫妇所化，善为媚惑人，故称狐媚。"《易经·未济》有"小狐汔济"之语。《诗经·邶风·北风》有"莫赤匪狐"之句，朱熹注："狐，兽名，似犬，黄赤色。"

狐是一种食肉目犬科动物，属于中国人一般所说的狐狸。在中国文化里，"狐"又叫红狐、赤狐和草狐。狐体长约 70 厘米，尾长约 45 厘米。毛色多样化，一般呈赤褐、黄褐、灰褐色，耳背黑色或黑褐色，尾部尖，呈白色。狐狸在野生状态下主要以鱼、蚌、虾、蟹、蛆、鼠类、鸟类、昆虫类等小型动物为食，有时也采食一些植物。狐栖息于森林、草原、半沙漠、丘陵地带，居树洞或土穴中，傍晚外出觅食，天亮时才归。它们灵活的耳朵能对声音进行准确定位，嗅觉也很灵敏，修长的腿能够快速奔跑，最高时速可达 50 千米，所以能捕食各种老鼠、野兔、小鸟、鱼、蛙、蜥蜴、昆虫和蠕虫

等。当它们猛扑向猎物时，毛发浓密的长尾巴能帮助它们保持平衡，尾尖的白毛可以迷惑敌人，扰乱敌人的视线。因此，"狐"的这种习性使其在中国文化里成了"狡猾"、"机智"的代名词。

在中国文化中，狐的角色性质早先是图腾、瑞兽，后来是妖兽、妖精，即使在它被视为狐神、狐仙而受到崇拜时，也还是妖精。狐神、狐仙从未被列入祀典，一直属于淫祀范围。因此，狐文化前期是图腾文化和符瑞文化，后期是妖精文化，而妖精文化占据着主要方面。如古代文言短篇小说集《聊斋志异》中很多篇目都与狐狸精有关，《山海经》中亦记载有九尾狐。狐妖是庞大妖精群中无与伦比的角色，堪称妖精之最。因此，在中国古人眼中，狐狸被视为妖兽，例如我国最早的字典《说文解字》就是这样描写的："狐，妖兽也，鬼所乘之。有三德：其色中和，小前大后，死则丘首。从犬，瓜声。"这是因为狐狸狡猾机智，常与人斗智，很难被人捕捉，犹如鬼魅一般。"狐"还被用于某些组织、网络、电影、电视剧的命名。

在汉语里，"狐"构成了大量的成语，因而"狐"在中国人心中的地位也可见一斑了。这些成语如：兔死狐悲、狐死首丘、狐朋狗友、篝火狐鸣、与狐谋皮、狐鼠之徒、城狐社鼠、狐群狗党、满腹狐疑、狐兔之悲、狐疑不决、狐假虎威、狼顾狐疑、狐裘蒙戎、简落狐狸、两脚野狐、狗走狐淫、衣狐坐熊、狐裘羔袖、狗党狐朋、狐听之声、鼠迹狐踪、狐媚猿攀、狐鸣鱼书。"狐"还可以构成许多的歇后语，如：山上的狐狸王——老奸巨猾；狐狸戴草帽——不算人/不是人；狐狸的尾巴——藏不住；狐狸掉进污水池——又臊又臭；狐狸放屁——臊气；狐狸进村——没安好心；狐狸进宅院——来者不善；狐狸看鸡——越看越稀；狐狸骑老虎——狐假虎威；狐狸精变美女——迷人心窍；跑了耗子捉狐狸——一个比一个刁；属狐狸的——一身臊气；骚狐狸见不得关二爷——邪不压正；撵走狐狸住上狼——一个更比一个凶；黄鼠狼和狐狸结亲——臭味相投。这些歇后语也大多是贬义的。

狸

狸 lí 小篆写作貍。"狸"为形声字。犬旁表意，表示狸是一种哺乳动物；"里"表声，本指居民住处，因狸猫多出没于村子附近的山野，并掠食家畜。狸的本义就是狸猫。中国古代文献有关于"狸"的描述，如《玉篇·犬部》："狸，似猫也。"《慧琳音义》卷七十六"猫狸"注："伏兽也。猫类，野兽也。"李贺《神弦曲》有"青狸哭血寒狐死"，王琦注引《尔雅翼》："狸者，狐之类。狐口锐而尾大，狸口方而身文，黄黑彬彬，盖次于豹。"

狸在中国文化里也叫钱猫、山猫、豹猫、狸猫、野猫。在动

物分类中，狸属于哺乳纲食肉目猫科。狸全身的毛色较为一致，缺乏明显的斑纹，背部呈棕灰色或沙黄色，背部的中线处为深棕色，腹面为淡沙黄色；四肢的毛色较背部的浅，后肢和臀部具有 2 至 4 条模糊的横纹。狸的尾巴末端为棕黑色，有 3 至 4 条不显著的黑色半环。狸的眼睛的周围有黄白色的纹，耳朵的背面为粉红或棕色，耳尖部为褐色，上面也有一簇稀疏的短毛。狸以鸟、鼠等为食，常盗食家禽。狸善于奔跑，会偷袭，能攀缘上树，常活动于林区，也见于灌木丛中，胆大、凶猛，喜夜间出来活动。"狸"夜间活动的习性总是给人以神秘的感觉。

狸的种类很多，在中国最常见的是狸花猫，它的体形适中，有非常圆的头部，非常宽大的面颊，两只耳的间距不是很短，耳朵的大小适中，有非常宽的耳根和很深的耳郭，位于尖端的部分比较圆滑。它的眼睛大而闪亮，呈圆杏核状，颜色有金色、绿色等，眼睛通常有眼线。狸的鼻子呈砖红色，长有鼻线。狸猫身材适中，胸腔宽厚。其四肢和尾巴与身体的比例协调，长度适中。狸猫多身强体健，拥有发达的肌肉，力气很大。

狸作为一种妖怪，在我国民间流传已久，特别是通过宋朝的"狸猫换太子"的故事，其形象已家喻户晓。狸本来是动物的一种，为什么会成为先民们口耳相传的妖怪呢？很可能是因为狸饥饿时，常常趁着夜色摸黑到有人居住的村庄或是农田里寻找食物。有时候人们发现农作物不知道被谁吃了，原本放在仓库里的食物也不翼而飞了；还有人传言，在晚上会看到像小孩一样的妖怪进入屋内而发出怪异声响，吓得紧闭门户，后来人们都把这些怪罪到狸猫的身上。而事实是，狸猫对周围的环境变化十分敏感，并且对主人的依赖程度很高。狸花猫尽管成年后就不十分喜欢和人玩耍了，但它还会随时在你的视线之内走动。它非常含蓄，既对自己充满自信，也对主人十分忠心。因此，已经有越来越多的中国家庭把它当作宠物来豢养。

汉语中，跟"狸"有关的谚语有：拾来狸猫留不住，露水夫妻靠不住；胜时的狸猫强似虎，败时的凤凰不如鸡；狸猫似虎并非虎，恶人装笑并非善。歇后语有：哑巴狸猫抓耗子——闷逮；狸猫换太子——以假充真；老虎窝里出狸猫——一代不如一代；拔脚花狸猫——溜了；得势的狸猫——欢似虎；花狸猫卧房顶——活兽（受）。这些也基本上是贬义的，这也跟"狸"在人们心中的形象有关。

羚

羚 líng　小篆写作羚。"羚"为形声字，右边表示大概的读音，同时"令"又有美好之意，表示羚羊的肉味美，角可入药，是羊中的珍品。左边表示羚的类属，古文字形体像羊头，表示属羊。

羚在中国文化里又称为羚羊，哺乳动物的一类，属偶蹄目牛科，外表与山羊相似。羚羊体形优美、轻捷，四肢细长，蹄小而尖，机警。有的种类雌、雄均有角，有的种类仅雄性有角。一般生活在草原、旷野或沙漠，有的栖息于山区地带。出产于中国的有原羚、鹅喉羚、藏羚和斑羚等。羚羊的最显著特征是长有空心而结实的角，以区别于牛、羊这一类的反刍动物。人们把羚羊作为一个类群已达成共识，比如物种存活委员会建立的"羚羊专家组"，即把这一类动物作为一个动物学研究和保护的单元。

我国的羚羊群中，最珍贵的就是藏羚羊。藏羚羊背部呈红褐色，腹部为浅褐色或灰白色。形体健壮，头形宽长，吻部粗壮。雄性藏羚羊的角长而直，乌黑发亮；雌性无角，鼻部宽阔略隆起，尾短，四肢强健而匀称。全身除脸颊、四肢下部以及尾巴以外，其余各处皮毛丰厚浓密，通体为淡褐色。成年雄性藏羚羊脸部呈黑色，腿上有黑色标记，头上长有竖琴形状的角用于御敌；雌性藏羚羊没有角。藏羚羊的底绒非常柔软。藏羚羊生活在中国青藏高原，有少量分布在印度拉达克地区。它被称为"可可西里的骄傲"，为我国特有物种，群居。藏羚羊属国家一级保护动物，也是《濒危野生动植物种国际贸易公约》中严禁贸易的濒危动物。

中国文化里的"羚羊"是温和
而敏捷的代表，羚羊的最大优点是
能快速反应但绝不失稳健。因此，
羚羊就成了许多中国企业标志中的
元素，用来寓意企业追求稳健发展
的宗旨。

汉语里，用"羚"组成的成语有：羚羊挂角。用"羚"组成
的歇后语有：羚羊挂角——无迹可求。

熊

熊 xióng　　"熊"的甲骨文和小篆分别写作、
，甲骨文的熊为象形字，就像熊的样子。小篆
"熊"为会意字。从能，"能"是熊的本字，其金文
形体像一头熊的样子；从火，有紧急义，表示熊是
猛兽，遇上它就危险紧急。《说文解字·熊部》：
"熊，兽，似豕，山居，冬蛰。"陆玑《毛诗草木鸟
兽虫鱼疏》卷下："熊，能攀缘上高树，见人则颠
倒自投地而下，冬多入穴而蛰，始春而出，脂谓之
熊白。"

熊属于杂食性大型哺乳类，食肉目犬形亚目熊科。熊的躯干粗壮肥大，毛又长又密又粗，脸形像狗，头部大，嘴巴长，眼睛与耳朵都比较小，臼齿大而发达，咀嚼力很强；四肢粗壮有力，脚上长有 5 只不能收缩但很锋利的趾，用来撕扯、挖掘和抓取猎物；熊尾巴短小，嗅觉十分灵敏，但视力以及听觉比较差，故俗称熊瞎子。熊平时用脚掌慢吞吞地行走，但当追赶猎物时，就会迅速奔跑，耐力超群，而且可以适应各种气候和地形。熊平时性格温和，当遇到挑衅和危险时，容易被激怒，打斗时非常凶猛。北极熊基本是食肉动物。除母熊带小熊的情况，一般是独自行动。熊昼出夜伏，有时也会在傍晚或黎明活动，特别是有人类在附近的时候。

熊常常成为人类捕猎的对象，据记载，史前人类就有捕猎熊的历史。熊的形象常出现在我国神话传说中。目前，因为栖息地减少和非法滥捕，熊正面临着灭绝的压力。国际动物保护组织称有 6 种熊处于濒危级别，棕熊在有些地区已经灭绝。

尽管人们把熊看成是危险的动物，但在中国马戏团表演和动物园中，熊却是很受人喜爱的动物。

熊还是中国最古老的姓氏之一，最早可以追溯至西周周成王时期，熊姓的历史悠久，家族庞大。熊姓曾有 72 个望族，居百家姓第 68 位。熊姓具有 3 个明显的特点：得姓时间较早，源远流长；族大支繁，遍布全国，几乎各地都有熊姓族人；人才辈出，不可胜数，从古至今，历代皆有熊姓的杰出人物。

在汉语大家庭里，自然少不了"熊"的身影，由"熊"组成的成语有：虎体熊腰、熊腰虎背、熊经鸟引、老熊当道、熊虎之将、熊韬豹略、梦兆熊罴、非熊非罴、梦熊之喜、飞熊入梦。谚语有：兵熊熊一个，将熊熊一窝。歇后语有：狗熊掰玉米——掰一个丢一个；熊瞎子学绣花——装模作样；熊瞎子上戏台——一副熊样子；黑瞎子吃石榴——满肚子熊点子；黑瞎子打花脸——熊样；黑瞎子敲门——熊到家了；黑瞎子照相——一副熊样子；拿着活人当熊耍——愚弄人；黑瞎子跳井——熊到底了。

豹

豹 bào　豹的甲骨文和小篆分别写作𧳦、貓。从甲骨文形体看，豹是一个象形字，就像一只带有花纹的豹的形状。小篆则是形声字。"豸"是意符，其形像张大嘴露出牙齿的猛兽，表示豹为猛兽；"勺"为声符，兼表豹身上分布着小勺般大的黑斑。在中国文化里，也叫豹子。《说文解字》："豹，似虎，圆文。"

豹是豹属的四种大型猫科动物（其余三种为狮、虎及美洲

豹）中体形最小的，中国有 3 个亚种：华南豹、华北豹和东北豹。豹的明显特点是头部小而圆，耳朵较短，耳背部呈黑色，有一块显著的白斑，耳尖呈黄色，基部也是黄色，并具有稀疏的小黑点。身体的毛色鲜艳，体背部为杏黄色，颈下、胸、腹和四肢内侧为白色，尾尖黑色，全身都布满了黑色的斑点，头部的斑点小而密，背部的斑点密而较大，斑点呈圆形或椭圆形的梅花状图案，又很像古代的铜钱，所以其又有"金钱豹"或"花豹"之称。豹可以说是敏捷的猎手，身手矫健，动作灵活，奔跑速度快；既会游泳，又会爬树；性情机敏，嗅觉、听觉、视觉都很好，智力超常，隐蔽性强，这些是老虎和狮子所不具备的，它也是少数可以适应不同环境的猫科动物之一；长长的尾巴在奔跑时可以帮助豹保持身体的平衡。豹的主要食物有蹄类动物及猴子，但亦会捕猎啮齿类、爬虫类、两栖类、鸟类及鱼类等动物，甚至腐肉也包括在内。豹还有捕食黑猩猩的记录。和一般猫科动物一样，豹会在密林的掩护下，潜近猎物，并来一个突然袭击，攻击猎物的颈部或口鼻部，令其窒息。

豹因奔跑速度快，象征着力量、勇猛，所以也常常是中国文学作品和绘画的热点题材之一。在云南楚雄彝族自治州双柏县大麦地乡峨足村，流传着一种豹子舞。这是一种奇异的裸体傩仪，当地村民称之为"余莫拉格舍"，意为画豹子花纹，或称裸体画身豹子舞。它与该县小麦地冲村的图腾傩舞有着相同的文化内涵，都是傩文化虎节的一种载体。峨足村每年农历六月二十四日火把节和七月半祭祖节都要举行"余莫拉格舍"仪式。村民们说，"跳豹子"就是要赶鬼，不把鬼赶走庄稼就长不好，牛马会生瘟疫，人会得烂病。因此，对"余莫拉格舍"这种原始动物的图腾崇拜和对虎豹神的信仰一直延续至今。扮演豹子的 12 个小孩，年龄都在 10 岁左右，当天早饭后要被藏在一间房子里面化装，全身裸体，并被用黑、白、红、黄四种颜色从脖子彩绘到脚上。背部、手脚和肚皮绘虎豹纹，前胸绘一把月琴，头和脸全部用棕皮包裹，头顶插两根雄鸡尾。峨足村的"余莫拉格舍"豹子傩舞，是古傩仪在当地彝族民俗中的遗存，也是傩仪中十二神兽的驱鬼仪式在民族中的保留。当地村民认为豹子是一种凶猛、敏捷、能上树、会游水的本领最大的野兽，请它来赶鬼是最合适的。"豹"还是中国姓氏之一。

"豹"也是古代诗人常常描写的对象，如上官婉儿《游长宁公主流杯池二十五首》："横铺豹皮褥，侧带鹿胎巾。"李贺《春归昌谷》："知非出柙虎，甘作藏雾豹。"李白《陈情赠友人》："英豪未豹变，自古多艰辛。"李白《经乱后将避地剡中留赠崔宣城》："我垂北溟翼，且学南山豹。"贯休《送僧入五泄》："山响僧担谷，林香豹乳儿"。

在汉语中，用"豹"构成的成语有：豹死留皮、豺狼虎豹、管中窥豹、九关虎豹、狼虫虎豹、龙肝豹胎、龙腾豹变、龙韬豹

略、龙骧豹变、熊韬豹略、熊心豹胆、一斑窥豹、以管窥豹。跟
"豹"有关的谚语如：山鹰不怕强豹，猎人不怕老虎。而用"豹"
构成的歇后语有：老虎出山遇见豹——一个更比一个恶；豹子的
尾巴——摸不得；豹子进山——浑身是胆；豹子借猪狗借骨——
有去无回；豹子吃马鹿——好大的胃口；老虎金钱豹——各行各
的道。这些极大地丰富了汉语言宝库。

猿

    猿 yuán　小篆写作猨。"猿"为形声字，左形右声。
从"犬"，表示猿是哺乳动物；"袁"表声，本义为长、
大，而猿在猴类中形体较大。古代大学问家郭璞是这样
描述"猿"的，《山海经·南山经》有"（堂庭之山）
多棪木，多白猿"之句，郭璞注："今猿似猕猴而大，
臂脚长，便捷。色有黑有黄。鸣，其声哀。"

    猿是13种大型高智商灵长目动物的总称，分为黑猩猩、大
猩猩、长臂猿和猩猩，包括两个科。虽然人们常把猿、猴并称，
有时候也将猴称为猿，而猿有时也会被称作猴，不过他们在生物
学上是不同的物种。两者的主要区别在于猴有尾巴而猿没有，并
且猿的手臂比腿长。在分类学上，人是猿的一种。早期猿类大约

在两千五百万年前开始出现。现代小猿在一千八百万年前出现，猩猩则出现于一千四百万年前，大猩猩出现于七百万年前，人类和黑猩猩则在三百至五百万年前出现。猿生活在亚洲和非洲的热带森林中，属于猿的各种动物在行为和生活方式上也有很多不同。

在中国民间有很多关于猿的传说，如传说猿猱嗜酒，常酿酒。高诱在《淮南子·氾论训》"猩猩知往而不知来"一句下注释道："猩猩……嗜酒，人以酒搏之，饮而不耐息，不知当醉，以禽其身"。李日华在《紫桃轩又缀·蓬栊夜话》载："黄山多猿猱，春夏采杂花果于

石洼中，酝酿成酒，香气溢发，闻数百步。野樵深入者或得偷饮之，不可多，多即减酒痕，觉之，众猱伺得人，必嬲死之。"陆祚蕃的《粤西偶记》："平乐等府深山中，猿猴极多，善采百花酿酒。樵子入山得其巢穴者，其酒多至数石，饮之香美异常，名曰猿酒。"古龙的《绝代双骄》和金庸的《笑傲江湖》第19回"打赌"中都提及"猴儿酒"。

又说猿猴好色，会掳走良家妇女。焦延寿的《焦氏易林》载有"南山大玃，盗我媚妾"。玃，即大母猴。张华《博物志》卷三"异兽部"也记载说四川的猿猴"伺行道妇女有好者，辄盗之以去……取去为室家，其年少者终身不得还"。

　　"猿"还是中国古代诗人喜欢描写的对象，比较有名的诗句如李贺《乐府杂曲·鼓吹曲辞·巫山高》："瑶姬一去一千年，丁香筇竹啼老猿。"李世民《辽东山夜临秋》："连山惊鸟乱，隔岫断猿吟。"杜甫《登高》："风急天高猿啸哀，渚清沙白鸟飞回。"李白《蜀道难》："黄鹤之飞尚不得过，猿猱欲度愁攀缘。"李珣《巫山一段云》："啼猿何必近孤舟，行客自多愁。"杜甫《九日》："殊方日落玄猿哭，旧国霜前白雁来。"韩愈《答张十一》："山净江空水见沙，哀猿啼处两三家。"韩愈《湘中》："猿愁鱼踊水翻波，自古流传是汨罗。"刘禹锡《再授连州至衡阳酬柳柳州赠别》："归目并随回雁尽，愁肠正遇断猿时。"白居易《琵琶行》："其间旦暮闻何物，杜鹃啼血猿哀鸣。"屈原《楚辞·九歌·山鬼》："雷填填兮雨冥冥，猿啾啾兮狖夜鸣。"孟浩然《宿桐庐江寄广陵旧游》："山暝听猿愁，沧江急夜流。"王昌龄《送魏二》："忆君遥在潇湘月，愁听清猿梦里长。"李白《早发白帝城》："两岸猿声啼不住，轻舟已过万重山。"李白《梦游天姥吟留别》："谢公宿处今尚在，渌水荡漾清猿啼。"

　　汉语中，由"猿"构成的成语相对较多，如：亡猿祸木、穷猿失木、心猿意马、猿猴取月、猿穴坏山、猿鹤沙虫、猿惊鹤怨、猿啼鹤唳、猿啼鹤怨、猿悲鹤怨、穷猿投林、穷猿奔林、鸟哭猿啼、惊猿脱兔、鹤唳猿声、鹤鸣猿啼、鹤怨猿惊、狐媚猿攀、蜂腰猿背等。用"猿"构成的歇后语仅见"楚国亡猿——祸延林木"。

豺

豺 chái　小篆写作豺。豺为形声字，"豸"表意，其形状像张大嘴巴露出利牙的野兽；"才"表声，而"才"又有行动迅捷的意思，表示豺凶残而又行动迅捷。中国古籍里是这样描写豺的，《说文解字》："豺，狼属，狗声。"李时珍在《本草纲目·兽二·豺》里描述说："豺，处处山中有之，狼属也。俗名豺狗，其形似狗而颇白，前矮后高而长尾，其体细瘦而健猛，其毛黄褐色而髼髵，其牙如锥而噬物，群行虎亦畏之，又喜食羊。"

豺为食肉目犬科豺属的一种，又名豺狗、红狼，是现存最强壮的犬科动物，外形与狗、狼相近，体形比狼小。全身赤棕色，亦称红狼。豺属于典型的山地动物，栖息于山地草原、亚高山草甸及山地疏林中。大多结群过着游猎生活，性情警觉，嗅觉很发达，最喜欢在晨昏时活动。豺十分凶残，喜欢追逐，发现猎物后聚集在一起进行围猎，主要捕食狍、麝、羊等中型有蹄类动物。在西藏主要分布在藏东部地区，拉萨、山南、吉隆河谷、樟木口岸等地也有分布，本种除台湾、海

南及南海诸岛外，其余各省、自治区均有分布。豺属于国家二级
保护动物。豺的头部较宽，额扁平而低，吻部较短，耳短而圆，
额骨的中部隆起，所以从侧面看上去整个面部显得鼓起来，不像
其他犬类那样较为平直或凹陷。豺的四肢也较短，尾巴较粗，毛
蓬松而下垂；体毛厚密而粗糙，体色随季节和产地的不同而异，
一般头部、颈部、肩部、背部，以及四肢外侧等处的毛色为棕褐
色，腹部及四肢内侧为淡白色、黄色或浅棕色，尾巴为灰褐色，
尖端为黑色。

　　豺在中华文化中一直扮演着不光彩的角色，总是如同鬼魅般
地出现于中华文化的视野里。按照民间说法，豺是猎神的狗（一
说为二郎神的狗，二郎神即猎神），所以在食肉猛兽中，豺最威
猛。豺狼虎豹，豺名列第一。凡是有豺出没的地方，狼虎豹都要
回避，以致民间认为什么野物都可以打，就是不能打豺，否则必
定遭到报应。在雪域地区，宗教人士认为熊、狼、豺三种都是恶
魔的牲畜，猎杀它们必将激怒恶魔，损害人的心脏，杀生者的子
孙七代都在恶魔的黑名单上，他们后世要偿还五百次生命，最终
还要坠入众合地狱，在人间十七亿年不得解脱。

　　"豺"也常常以恶兽的身份出现在中国古代诗歌中，如元稹
《和李校书新题乐府十二首·华原磬》："愿君每听念封疆，不遣
豺狼剿人命。"孟郊《吊元鲁山》："豺狼耻狂噬，齿牙闭霜金。"
贯休《边上行》："豺掊沙底骨，人上月边烽。"李白《经乱后将
避地剡中留赠崔宣城》："中原走豺虎，烈火焚宗庙。"李白《蜀

道难》："所守或匪亲，化为狼与豺。"张籍《洛阳行》："上阳宫树黄复绿，野豺入苑食麋鹿。"

汉语中，含有"豺"的成语有：豺狼成性、豺狼当道、豺狼之吻、党豺为虐、蜂目豺声、投畀豺虎、鸢肩豺目。而用"豺"构成的谚语有：不怕豺狗当门坐，就怕背后把拐戳；豺能杀虎，鼠可灭象；豺狼当道，不问狐狸；豺狼欺绵羊，财主欺穷人；豺狼虽小，志敌猛虎。这些谚语是广大人民生活经验的总结，给人以诸多启迪。

麋

麋 mí　甲骨文和小篆分别写作 、 。甲骨文是象形字，形体就像一头麋鹿。而小篆则演变成了半包围结构的形声字。从鹿，米声。明朝李时珍在《本草纲目》里是这样记载的："班固云：麋性淫迷，则麋之名义取乎此。……麋，鹿属也。牡者有角。鹿喜山而属阳，故夏至解角；鹿喜泽而属阴，故冬至解角。麋似鹿而色青黑，大如小牛，肉蹄，目下有二窍为夜目。"中国俗称"四不像"。

麋是中国特有的动物，属国家一级保护动物，也是世界珍稀动物，但野生的早已灭绝，现存的都是北京南苑皇家猎苑的子

遗，特征是尾特别长，眉杈特别发达，形成主权模样。麋善于游泳，再加上宽大的四蹄，非常适合在泥泞的树林沼泽地带寻觅青草、树叶和水生植物等，栖息和活动范围在今天的长江流域一带。在历史上，麋鹿曾经广布于东亚地区，但后来由于自然气候变化和人为因素，在汉朝末年就近乎绝种。元朝时，残余的麋鹿被捕捉运到皇家猎苑内饲养，以供游猎，到19世纪时，只剩在北京南苑皇家猎苑内的一群。八国联军入侵北京后，被八国联军捕捉并从此在中国消失。1985年，在世界野生动物基金会的努力下，英国政府决定，伦敦5家动物园向中国无偿提供麋鹿。1985年8月，22头麋鹿被用飞机从英国运抵北京，当晚运至南苑皇家猎苑，奇兽重新回到了它在中国最后消失的地方。据科学家考证，早在三千多年前，中国黄河、长江中下游地区就有麋鹿，汉朝以后逐渐减少。它曾在中国生活了数百万年，已出土的野生麋鹿化石表明，麋鹿最早出现于200多万年前。

麋鹿的生存能力强，唐朝僧人皎然所著《姑苏行》中有"山中精灵安可睹，辙迹人踪麋鹿聚"的诗句。说明麋鹿在有人和车辆行经的山中还可生活，可见它们有相当强的生存能力。

在中国文化中，麋鹿又叫作"四不像"，被认为是一种灵兽。它还是中国古典小说《封神演义》里姜子牙的坐骑，这使得麋鹿更富有传奇色彩。

"麋"自然也是中国古代诗歌描写的重要对象之一，如杜甫《浣溪沙》："麋鹿逢人虽未惯，猿猱闻鼓不须呼，归来说与采桑姑。"白居易《首夏》："麋鹿乐深林，虫蛇喜丰草"和《重题》："药圃茶园为产业，野麋林鹤是交游。"王建《原上新居十三首》："住处去山近，傍园麋鹿行。"李白《赠薛校书》："姑苏成蔓草，麋鹿空悲吟。"秦系《寄浙东皇甫中丞》："闲闲麋鹿或相随，一两年来鬓欲衰。"

首日封 B-F.D.C.

汉语中，跟"麋"有关的成语不多，只有"麋沸蚁动、临江之麋"等，这可能跟人们对其知之不多有关。

狮

狮 shī 篆体写作𤟭。"狮"为形声字，"犬"表意，表示狮子是哺乳动物；"师"表声，师者地位高，而狮为百兽之王。《本草纲目》记载："狮为百兽长，故谓之狮。"中国不产狮子，所以"狮"字是个音译字，本作"师"。又："狮子出西域诸国，状如虎而小，黄色。"

　　狮，即狮子，颈部有鬃毛，雌兽体形较小，一般只及雄兽的三分之二，是唯一雌雄两态和群居的猫科动物。狮子分布于非洲的大部分地区和亚洲的印度等地，生活于开阔的草原疏林地区或半荒漠地带，习性与虎、豹等其他猛兽有很多显著的不同之处，是猫科动物中进化程度最高的。狮的毛发较短，体色有浅灰、黄色或茶色，不同的是雄狮还长有很长的鬃毛，鬃毛有淡棕色、深棕色、黑色等，长长的鬃毛一直延伸到肩部和胸部。那些鬃毛越长，颜色越深的雄狮越能吸引雌狮的注意。狮的头部巨大，脸型颇宽，鼻骨较长，鼻头是黑色的。狮的耳朵比较短，很圆。狮的前肢比后肢更加强壮，它的爪子也很宽。狮的尾巴相对较长，末端还有一簇深色长毛。狮子一般以食肉为主，在猫科动物中平均体重仅次于虎，也是唯一群居的猫科动物。母狮构成了狮群的核心，它们极少离开出生地。成年雄狮往往不和狮群待在一起，它们不得不在领地四周常年游走，保卫整个领地。这就是狮子的团结精神。

　　舞龙舞狮是中华民族的文化瑰宝，距今有 2 000 多年的历史。舞龙舞狮象征着兴旺和吉祥，富有浓厚的民族色彩和独特的传统艺术性，是中华民族璀璨文化的一部分。在人们的记忆中，有锣鼓伴奏，便有龙随乐舞。因此舞龙舞狮活动成为欢庆佳节的民间活动之一。今天的舞龙舞狮，已经从民间文体活动变成一项集武术、杂技为一体的体育运动，其技艺发展水平之高，遍及范围之广，还有其未来多元化发展的道路，处处显示着这个古老的健身娱乐项目在新时代焕发出的新魅力。舞龙舞狮深受世界和我国各族人民的喜爱，代代相传，历久不衰，由此形成了丰富灿烂的民族传统文化，即龙狮文化。舞狮开始于南北朝。在我国，舞狮的形式多种多样，大致可以分为北方舞狮和南方舞狮两种。北方舞狮的外形与真狮很像，全身狮披覆盖，舞狮者（一般两人合舞一只大狮子）只露双脚，不见其人。北方舞狮有雌雄之分，还有文狮、武狮、成狮、崽狮之分。南方舞狮主要流行在广东。这种舞狮由一人舞狮头，一人舞狮尾。狮子的造型、式样、颜色多与北方舞狮不同。舞狮者下穿灯笼裤，上身穿着缝有密密纽扣的唐装灯笼袖衫或背心。

舞狮的习俗是有渊源的，相传明代初年，广东佛山出现了一头怪兽，每逢新旧岁之交便出来糟蹋庄稼，伤害人畜，百姓叫苦连天。后来，有人建议用狮舞来吓唬怪兽，果然奏效，人们出来舞狮后那怪兽便逃之夭夭。从此以后，当地老百姓认为狮子有驱邪镇妖之功效，有吉祥之预兆，所以每逢春节便有人敲锣打鼓，挨家挨户以舞狮形式拜年，以期盼消除灾害，预报吉祥。中国对狮子形象的运用，至少有以下几个方面：陵墓用狮、石窟用狮、寺庙用狮、建筑用狮、工艺用狮、民间用狮。各种建筑雕刻和日用工艺品中也都出现了狮子的形象，使得狮子艺术品由宫廷延展到民间，而且可以成为商品进入市场，面向大众，从而让狮子从为王公贵族所专用的形象中解脱出来，成为还可为民所用的吉祥装饰。

"狮"在汉语中也占据了重要位置,这也是狮在中国人心中地位的折射。如由"狮"构成的成语有:河东狮吼、龙鸣狮吼、人中狮子。而用"狮"组成的歇后语也有很多,如:卢沟桥上的石狮子——数不清;狮子大开口——胃口不小;石狮子得病——不可救药;雪狮子向火——酥了半边;贾府门前的狮子——石(死)心眼儿;石狮子的脑袋——七窍不通;石狮子跳舞——耍不起来;石狮子的眼睛——动不得;给石狮子灌米汤——滴水不进;庙门前的石狮子——一对儿(比喻两个人关系密切);给狗起了个狮子名——有名无实;大门口的石狮子——成双成对。

鹤

鹤 hè 小篆写作𪅒。鹤为会意兼形声字。从鸟,篆书形体就像鸟;从隺,"隺"同"鹤",又有高飞义,表示鹤能高飞,又兼表声。中国古代文献中,陆玑的《毛诗草木鸟兽虫鱼疏》卷下是这样描绘的:"鹤,形状大如鹅,长三尺,脚青黑,高三尺余,赤顶,赤目,喙长三尺余,多纯白,亦有苍色。苍色者,人谓之赤颊,常夜半鸣。"

鹤是一种鸟,在动物分类学上属于鸟纲中鹤形目的一个科,

包括四属，种类很多，常见的有丹顶
鹤、白鹤、灰鹤、林鹤、彩鹤、翻石
鹤等。鹤的头部小脖子长，嘴巴长而
直，腿又细又长，羽毛白色或灰色，
群居或双栖，常在河边或沼泽地带捕
食鱼和昆虫。在我国，最常见也最珍贵的是丹顶鹤，其颈、脚较
长，通体大多为白色，头顶呈鲜红色，喉部和颈部为黑色，耳朵
至头部呈白色，脚黑色，站立时特征非常明显，极易识别。其迁
徙季节在冬季，常由数个或数十个家族集结成较大的群体，有时
集群有 100 多只。但活动时仍在一定区域内分散成小群或家族群
活动。

　　鹤在中国文化中享有崇高的地位。鹤的形态美丽，素以喙、
颈、腿"三长"而著称，体态端庄而优雅。鹤在直立时可达一米
多高，看起来颇具仙风道骨，在中国文化中的地位仅次于凤凰。
故常把它与神仙联系起来，又称为"仙鹤"。

　　鹤，常常是雌雄相伴相随，行走起来中规中矩，情意笃厚而
不淫，具有很高的德行，因之古人常用这种风度翩然的白鹤来比
喻品德高洁的贤能之士，把修身洁行而有时誉的人称为"鹤鸣之
士"。鹤在中国文化中有崇高的地位，特别是丹顶鹤，是长寿、
吉祥和高雅的象征。

　　鹤的寿命可达 60 年，与龟一样被称为"长寿之王"，故在中
国传统文化中，鹤是长寿的象征，后世常以"鹤寿"、"鹤龄"、

"鹤算"作为祝寿之词。鹤也常被古人当作仙人的坐骑,老寿星也是以驾鹤腾云的形象出现。

鹤也常常是古代诗人描写的对象,如白居易《代鹤》:"我本海上鹤,偶逢江南客。"陆龟蒙《鹤媒歌》:"盘空野鹤忽然下,背翳见媒心不疑。"孟郊《晓鹤》:"晓鹤弹古舌,婆罗门叫音。"白居易《感鹤》:"鹤有不群者,飞飞在野田"和《题笼鹤》:"莫笑笼中鹤,相看去几何?"王建《别鹤曲》:"主人一去池水绝,池鹤散飞不相别。"刘禹锡《秋词》:"晴空一鹤排云上,便引诗情到碧霄"和《和乐天送鹤上裴相公别鹤之作》:"双舞庭中花落处,数声池上月明时。"谢缙《题松竹鹤图》:"东游扶桑略西极,上下九天仅咫尺"等等。

汉语中,"鹤"构成了相当数量的成语,如:鹤骨鸡肤、鹤骨松姿、鹤发童颜、朱颜鹤发、鸡肤鹤发、松鹤长春、鹤寿松龄、龟鹤齐龄、龟年鹤寿、龟鹤延年、龟龄鹤算、龟鹤遐寿、断鹤续凫、白鹤亮翅、长身鹤立、风声鹤唳、鹤鸣之士、鸿俦鹤侣、别鹤孤鸾、不舞之鹤、鹤立鸡群、鹤困鸡群、梅妻鹤子、烧琴煮鹤、爱鹤失众、焚琴煮鹤、孤云野鹤、野鹤闲云、云中白鹤、鹤怨猿惊、驾鹤西游、驾鹤成仙、骑鹤维扬、骑鹤上扬、杳如黄鹤等等。跟"鹤"有关的歇后语有:

卫懿公养鹤——忘了国家大事；仙鹤喝水——上去容易下来难；半天云里骑仙鹤——远走高飞；长虫斗仙鹤——绕脖子；白鹤站在鸡群里——突出；老寿星骑仙鹤——没鹿（路）；长颈鹿脖子仙鹤腿——各有所长；鸡群里的仙鹤——高人一头/身高气傲；铜铸的仙鹤——翅膀再硬也飞不起来；羊群里的骆驼，鸡群里的仙鹤——与众不同；白仙鹤长了个秃尾巴——美中不足。这些成语和歇后语抓住了鹤的形态、习性、颜色等，也由此可见鹤在中国人心中享有极高的地位，反映出中国人对鹤的喜爱。

雁

　　雁 yàn　小篆写作雁。雁为会意字。从佳，从人，从厂（山崖），表示雁是候鸟，常排成"人"字形结队飞越高山。《说文解字》："雁，鸟也。"《诗经·小雅·鸿雁》："鸿雁于飞，肃肃其羽。"《毛传》："大曰鸿，小曰雁。"

　　雁为鸟类的一属——雁形目鸭科雁亚科雁属和黑雁属，属于大型北半球水禽。全世界共有9种，中国有7种，除了白额雁外，常见的还有鸿雁、豆雁、斑头雁和灰雁等，在民间通称为"大雁"。雁的大小和体形处于大型鸭类与天鹅之间，其水栖习性不及鸭和天鹅。雁的颈和翼比较长，足和尾比较短，羽毛呈淡紫褐色，善于游泳和飞行。雁属的鸟类在雁形目中体形都比较大，飞行时拍打用力，振翅频率高；脖子虽长，但不及天鹅属的脖子修长；腿位于身体的中心支点，行走自如；有扁平的喙，边缘呈锯齿形状，有助于过滤食物；体羽大多为褐色、灰色或白色；脚为粉红色或橘色，喙为粉红色、橘色或黑色。它们喜好群居，飞行时呈有序的队列，有"一"字形、"人"字形等。飞行时如果遇险，雌雄均能发出响亮而急促的鸣声；愤怒时振动颈羽。雄雁击溃敌人后，发出胜利的欢呼，与其配对的雌鸟和幼鸟亦鸣叫以响应之。迁徙大多在黄昏或夜晚进行，途中还要经常选择湖泊等较大的水域进行休息，寻觅鱼、虾和水草等食物。

雁都有迁徙的习性，迁飞距离也较远，在迁徙时总是几十只、数百只，甚至上千只汇集在一起，互相紧挨着列队而飞，古人称之为"雁阵"。"雁阵"由有经验的"头雁"带领，加速飞行时，队伍排成"人"字形，一旦减速，队伍又由"人"字形换成"一"字长蛇形，这是为了进行长途迁徙而采取的有效措施。它们的行动很有规律，有时边飞边鸣叫，不停地发出"伊啊，伊啊"的叫声，在萧瑟、肃杀的秋天显得格外凄凉。因此人们常寄予大雁以思念亲人、思念故乡、思念旧国、悲秋伤怀之情。雁为一夫一妻制，所以人们也借雁来表示忠贞的爱情。

雁定期迁徙，每一次迁徙都要经过 1 至 2 个月的时间，途中历尽千辛万苦。它们春天北去，秋天南往，从不失信。不管在何处繁殖，何处过冬，它们总是非常准时地南来北往，信守时间，加之古时通信落后，人们曾希望借助鸿雁传递书信、沟通信息。《史记》就记载有出使匈奴的苏武借"鸿雁传书"重返祖国的故事，所以中国人给予雁以特别的关注，雁成为中国传统文化中重要的意象之一。

中国古代也有很多诗句赞美它们，早在我国最早的诗歌总集《诗经》里就有"鸿雁"篇。其他如高适《送李少府贬峡中王少府贬长沙》："巫峡啼猿数行泪，衡阳归雁几封书。"李白《菩萨蛮》："举头忽见衡阳雁，千声万字情何限。"王昌龄《寄穆侍御出幽州》："莫道蓟门书信少，雁飞犹得到衡阳。"刘禹锡《秋风引》："何处秋风至？萧萧送雁群。"王湾《次北固山下》："乡书何处达，归雁洛阳边。"王维《使至塞上》："征蓬出汉塞，归雁入胡天。"温庭筠《瑶瑟怨》："雁声远过潇湘去，十二楼中月自明。"范仲淹《渔家傲·秋思》："塞下秋来风景异，衡阳雁去无留意。"李清照《一剪梅》："云中谁寄锦书来，雁字回时，月满西楼"和《声声慢》："雁过也，正伤心，却是旧时相识。"

因"雁"为大家所熟悉，因而在汉语里，由"雁"组成的成语较多，诸如：鸿雁哀鸣、箭穿雁嘴、雁过拔毛、鹰心雁爪、鸣雁直木、雁序之情、雁影分飞、断雁孤鸿、孤雁出群、雁行折翼、雁过长空、鱼贯雁行、雁南燕北、衡阳雁断、河鱼天雁、鱼沉雁渺、雁去鱼来、鱼书雁帛、鱼笺雁书、雁足留书、寄雁传书、雁断鱼沉、鱼沉雁静、双凫一雁、沉鱼落雁、名题雁塔、雁塔新题等皆是。而由"雁"构成的谚语有：大雁无首难成行，羊群领路靠头羊；大雁北飞天净暖，燕子南归气转寒。歇后语有：海边的大雁——见过风浪；失群的大雁——孤孤单单；头雁中弹——乱了群；大雁飞行——成群结队；大雁跟着飞机跑——落后了。

鸦

鸦 yā 小篆写作𪇗。"鸦"为形声字，左右结构。"鸟"表意，其古今文字形体均像一只鸟，表示乌鸦是鸟属；"牙"表声，"牙"是"呀"的省文，表示鸦的鸣叫声。玄应《一切经音义》卷四《密迹金刚力士经》第一卷："鸦，於牙反。……关中名阿雅。"

鸦是鸟纲雀形目鸦科鸦属鸟类的通称，又称乌鸦。鸦为森林草原鸟类，栖息在林缘或山崖，到旷野挖啄食物；集群性强，除少数种类（例如白颈鸦）外，常结群营巢，并在秋冬季节混群游荡；行为比较复杂，表现出较高的智力并且有社会性活动的特

点；叫声简单而凄厉；杂食性，种
类很多，喜食腐肉；羽毛大多呈黑
色或黑白两色。中国有 7 个种类，
基本上为留鸟。其中白颈鸦生活在
华北以南平原至低山的高树上，极
少结群，羽毛呈黑色，有明显的白色颈圈。寒鸦为中国北方广大
山区和近山区常见的小型乌鸦，胸腹呈白色并带有白色的颈圈，
其余部分为黑色；喜在崖洞、树洞、高大建筑物的缝隙中筑巢。
秃鼻乌鸦在中国东部至东北部广大平原地区的高树上结群营巢，
通体黑色。大嘴乌鸦在中国东北以南的广大山区繁衍生息，体形
稍大，嘴巴粗大，通体呈黑色。渡鸦是乌鸦中个体最大的一种，
通体黑色，嘴形甚粗壮，主要在西藏自治区海拔 3 000 米以上的
高原和山区岩缝中筑巢。

　　因乌鸦拥有典型的黑色羽毛、凄厉的叫声和食腐的习性，加
之历史上遗留下来的偏见，在中华传统文化中，很久以来人们一
直把乌鸦看作死亡、灾祸、疾病等不吉祥的象征，或看作凶运的
前兆和邪恶的同伴。

　　但在中国文化中，乌鸦还扮演着一个美好的角色。《本草纲
目·禽部》记载："慈乌，此鸟初生，母哺六十日，长则反哺六
十日。"意思是说，小乌鸦长大以后，老乌鸦年老体衰，不能觅
食或者双目失明飞不动的时候，小乌鸦就会找食物喂养它的母
亲，回报母亲的养育之恩，并且从不感到厌烦，一直到老乌鸦临

终。这就是人们常说的"乌鸦反哺"，乌鸦反哺的故事经人们一代代口耳相传，已家喻户晓，教育人们要懂得孝顺父母。

乌鸦还象征着对爱情的忠贞。乌鸦忠于爱情，十分专一，雌雄一对且相伴终生。

乌鸦也是我国古代诗人们笔端描绘的对象，如王建《十五夜望月寄杜郎中》："中庭地白树栖鸦，冷露无声湿桂花。今夜月明人尽望，不知秋思落谁家。"马致远《天净沙·秋思》："枯藤老树昏鸦，小桥流水人家，古道西风瘦马。夕阳西下，断肠人在天涯。"白朴《天净沙·秋》："孤村落日残霞，轻烟老树寒鸦，一点飞鸿影下。青山绿水，白草红叶黄花。"

因"乌鸦"是为人们所熟悉的鸟类，故在汉语里，"鸦"构成了相当数量的成语、谚语、歇后语。成语有：画蚓涂鸦、信笔涂鸦、鸦雀无声、鸦飞雀乱、鸦默雀静、鸦巢生凤、彩凤随鸦、鹘入鸦群、爱屋及乌、乌鸟私情、乌鸦反哺、乌合之众等等。跟"鸦"有关的谚语有：乌鸦说猪黑，自己不觉得；惊蛰乌鸦叫，春分滴水干；鹊叫报喜，鸦鸣示凶；乌鸦头上过，无灾必有祸；乌鸦成群过，明日天必阴；乌鸦再打扮，也成不了孔雀。歇后语有：乌鸦打闹——大风到；老鸦啄柿子——专拣软的；乌鸦落在猪身上——看得见别人黑，看不见自己黑；粉刷的乌鸦——白不久；天下乌鸦——一般黑；乌鸦照镜子——刮目相看；拜堂听见乌鸦叫——倒霉透了；白毛乌鸦——与众不同；满天飞乌鸦——一片漆黑；乌鸦落在雪堆上——黑白分明；大嘴乌鸦吃食——一副贪相；二十四只乌鸦乱张口——不知听谁的是。这些谚语和歇后语大多是贬义的，这跟乌鸦在中国人心目中是不吉祥之物的代表有关，是人的心理映射在语汇上的结果。

鹊

鹊 què 小篆写作鵲。"鹊"为左右结构的形声字，从鸟，昔声。字本从"隹"，隶变作"鸟"。"鸟"表意，其形像鸟，表示鹊是一种鸟。宋代朱熹在《诗经·召南·鹊巢》有"维鹊有巢，维鸠居之"，《朱熹集传》里是这样描述的："鹊、鸠，皆鸟名。鹊善为巢，其巢最为完固。"

鹊，又名喜鹊、客鹊、飞驳鸟、干鹊、神女，属鸟纲鸦科。鹊的头、颈、背至尾均为黑色，并自前往后分别呈现紫色、绿蓝色、绿色等光泽；双翅黑色而在翼肩有一块白斑，尾巴长于翅膀，呈楔子形状；嘴、腿、脚为纯黑色，腹面以胸为分界，前黑后白。鹊为四季留鸟，适应能力比较强，栖息地多样，常在有人类活动的地方生活，并喜欢将鸟巢建筑在民宅旁的大树上，在居民点附近活动。喜鹊常结成大群成对活动，

白天常到农田等开阔地方觅食，晚间飞至附近高大的树上休息，有时也会与乌鸦、寒鸦混群活动。鹊属于杂食性动物，捕食昆虫、蛙类等小型动物，也盗食其他鸟类的卵和雏鸟，兼食瓜果、谷物、植物种子等。喜鹊很机警，觅食时常有一只鸟负责守卫，即使成对觅食时，也是轮流守卫。鹊具有较强的飞翔能力，可长时间飞行，飞行时整个身体和尾巴形成一条直线，尾巴稍微张开，两翅缓慢地鼓动着，雌雄鸟常保持一定距离，在地上活动时则以跳跃式前进。其鸣叫声单调而响亮，发出喳喳声，常边飞翔边鸣叫。喜鹊还是很高明的"建筑大师"，它们把巢安放在高大乔木的树枝上，用多杈的枯树枝构建，远远看去就像个圆球，结构坚固，巢顶部有个用树枝搭成的盖子，在侧面开一巢口。每窝产卵 5 至 8 枚，雌鸟孵卵，孵化期 18 天左右，1 个月左右离巢。除南美洲、大洋洲和南极洲外，鹊几乎遍布世界各大陆。中国有 4 个亚种，见于除草原和荒漠地区外的全国各地。

喜鹊在中国是吉祥的象征，喜鹊文化是中国文化的重要组成部分并有悠久的历史。传说喜鹊文化起源于中国的春秋时期，但据出土于中国青海省乐都县的一件彩陶罐上的喜鹊图案可知，喜鹊文化并非起源于春秋时期，而是起源于原始社会的青海高原。喜鹊文化经历代传承，已经融入我国社会生活的方方面面，并形成了一套完整的文化体系，成为中国传统民间文化的一个非常重要的组成部分，从各方面影响着中国人的生活。虽然这种文化的表现形式不一，但其内在的意义就是赋予喜鹊以喜庆、吉祥、好运等含义，将心中美好的愿望和情感寄托在喜鹊身上。正因为喜鹊文化迎合了中国人凡事讲究吉利、好运的心理特点，这就使得喜鹊文化在中国十分盛行，故而民间还有很多关于它的唯美神话传说。如喜鹊能报喜的故事：相传在贞观末期有个叫黎景逸的人，他家门前的树上有个鹊巢，他常喂食巢里的鹊儿，长期以来，人鸟有了感情。一次黎景逸被冤枉入狱，他倍感痛苦。有一天，他喂食的那只鹊停在监狱的窗前欢叫不停。他心中暗想可能有好消息要来了。果然，三天后他就被无罪释放。还传说，在每年农历七月初七这一天，喜鹊都不见了踪影，都飞上天河搭桥，让牛郎织女相会去了。

喜鹊还是古代诗人们常常歌咏的对象，如苏轼的《虎丘寺》："喜鹊翻初旦，愁鸢蹲落景。坐见渔樵还，新月溪上影。"乾隆的《喜鹊》："牧童弄笛炊烟起，采女谣歌喜鹊鸣。繁星如珠洒玉盘，喜鹊梭织喜相连。"钱起的《送郑巨及第后归觐》："离人背水去，喜鹊近家迎。"欧阳修《玉楼春》："蜘蛛喜鹊误人多，似此无凭安足信。"李绅《江南暮春寄家》："想得心知近寒食，潜听喜鹊望归来。"韩偓《秋深闲兴》："晴来喜鹊无穷语，雨后寒花特地香。"曹松《七夕》："牛女相期七夕秋，相逢俱喜鹊横流。"贯休《感怀寄卢给事二首》："绵绵远念近来多，喜鹊随函到绿萝。"陆游《八月三日骤凉有感》:"佳客误占萤入户,远书空喜鹊鸣檐。"

汉语中,由"鹊"组成的成语有:鹊巢鸠占、以玉抵鹊、魏鹊无枝、声誉鹊起、鹊垒巢鸠、鹊反鸢惊、鹊返鸢回、鹊笑鸠舞、处堂燕鹊。谚语有:门前喜鹊叫,必有贵客到;喜鹊枝头叫,出门晴天报;喜鹊搭窝高,当年雨水涝;喜鹊叫,客人到;喜鹊窝无盖天要旱,喜鹊窝有盖雨不欠。歇后语有:半篮子喜鹊——叽叽喳喳;喜鹊尾巴——老翘。这些说法以褒义的居多,这与喜鹊在中国人心目中是吉祥物的代表有关。

鹰

鹰 yīng 小篆形体写作䲴。"鹰"为形声字,"雁"为声符,表示读音类别,"鸟"为意符,表示大概的意义类别,表示为一种鸟。中国古代文献就有对"鹰"的各种解释,如《本草纲目》:"鹰以膺击,故谓之鹰。其顶有毛角,故曰角鹰。"《尔雅翼》:"在北为鹰,在南为鹞。一云大为鹰,小为鹞。"

鹰是一种禽类。鹰是隼形目猛禽的典型代表,在我国最常见的有苍鹰、雀鹰和松雀鹰三种。广义的鹰还包括鹰科其他种类,如鸢、鹫和鹞，甚至被用来称呼某些隼科鸟类，如隼、卡拉卡拉鹰。鹰是肉食性动物，会捕捉老鼠、蛇、野兔或小鸟。它体态雄伟，生性凶猛，动物学上称它是猛禽类。我国的《野生动物保护法》明确规定：所有的猛禽都属于国家二级以上保护动物，严禁捕捉、贩卖、购买、饲养及伤害。鹰一般在白天活动，即使它在千米以上的高空翱翔，也能非常精准地识别地面上的猎物。它还拥有强壮的腿和锐利的爪，故能轻易地捕捉动物和撕破动物的皮肉。

我国民间流传着关于鹰顽强再生的传说。传说鹰是世界上寿命最长的鸟类，最长可活 70 年。但鹰要活那么长的寿命，它必须在 40 岁时经历一场艰辛的磨难。那是因为鹰活到 40 岁时，它的爪子已经开始老化，不能再有效地逮住猎物，并且它的喙变得又长又弯，严重地阻碍它进食。它的翅膀也变得十分沉重，因为它的羽毛长得又浓又厚，飞翔起来十分吃力。这时它只有两种选择：要么等死，要么经过一个十分痛苦的更新过程。这个更新的过程就是它必须努力飞到一处陡峭的悬崖，任何鸟兽都上不去的地方，在那里要待上 150 天左右。首先它要把弯如镰刀的喙摔掉，再长出新的喙。接着它用新喙把趾甲从脚趾上拔下来，等新的趾甲长出来后，又把旧的羽毛都拔下来，5 个月后新的羽毛长出来了，老鹰开始飞翔，又可以度过 30 年的时光。这就是鹰冒着疼痛、饿死的危险，改造自己、重塑自己，使自己获得新生的一个犹如凤凰涅槃般的过程。

鹰也是中国艺术家们所着力描绘的对象。如明代画家林良就以画鹰著称。中国现代的画鹰名家有：徐悲鸿、李苦禅、朱宣咸、王雪涛等，他们笔下的雄鹰雄姿英发，但又各不相同、风格各异，画家们通过不同角度、不同的表现方法，刻画出了雄鹰的神韵，给人以美的享受。如徐悲鸿笔下的雄鹰，造型精准生动。李苦禅画鹰，则浑厚苍劲，大气磅礴。李苦禅画的鹰，眼是方形的，嘴像一把利斧，背上的羽毛用几块厚重的浅浅的墨块表现出来，他综合了鹰、鹫、雕几种凶猛禽类的特点，创造了具有大师风格的典型的鹰的形象。鹰因在天空中自由飞翔，在中国文化中还象征着自由、力量、勇猛和胜利。

有关鹰的诗歌，如唐崔铉《咏架上鹰》："天边心胆架头身，欲拟飞腾未有因。万里碧霄终一去，不知谁是解绦人。"白居易《放鹰》："鹰翅疾如风，鹰爪利如锥。"唐杜甫《画鹰》："素练风霜起，苍鹰画作殊。㧐身思狡兔，侧目似愁胡。绦镟光堪摘，轩楹势可呼。何当击凡鸟，毛血洒平芜。"唐刘禹锡《白鹰》："毛羽编斓白纻裁，马前擎出不惊猜。轻抛一点入云去，喝杀三声掠地来。"

汉语中，人们抓住鹰的不同的特点，从不同的角度出发，用"鹰"组成了数量众多的成语，有：雕心鹰爪、饿虎饥鹰、飞鹰奔犬、飞鹰走马、放鹰逐犬、飞鹰走犬、见兔放鹰、犬牙鹰爪、鹰鼻鹞眼、鹰撮霆击、鹰击长空、鹰瞵鹗视、鹰瞵虎攫、鹰瞵虎视、鹰拿燕雀、鹰觑鹘望、鹰犬塞途、鹰犬之才、鹰视虎步、鹰视狼步、鹰头雀脑、鹰心雁爪、鹰扬虎噬、养鹰飏去、鹰挚狼食、鹰嘴鹞目、雏鹰展翅、虎视鹰扬、鹰飞鱼跃等。谚语如：没有不遇风浪的海船，没有不遇雷雨的雄鹰；山鹰的眼睛不怕迷雾，真理的光辉不怕笼罩；草遮不住鹰眼，水遮不住鱼眼；树叶子再稠，挡不住鹰眼；鹰爱高飞，鸦栖一枝；雄鹰必须比鸟飞得高，因为它的猎物就是鸟；看鹰看飞翔，看人看行为；山洪中没有浮萍，暴风雨中才有山鹰；风雨猛，折不断雄鹰的翅膀。歇后语如：不见兔子不撒鹰——做事稳当；老鹰追兔子——一个天上，一个地下；狡兔撞鹰——以攻为守；小鸡看见了鹰——只想躲；逮了兔子死了鹰——得不偿失；鹰饱不抓兔，兔饱不出窝——懒对懒；兔子见了鹰——毛了；狗咬老鹰——差得远；高飞的鸟儿遇老鹰——凶多吉少；老鹰捕食——见机行事；兔子逗老鹰——没事找事。

雕

雕 diāo 小篆写作雕。"雕"为会意字。从隹，其古文字形体像鸟；从周，表示雕的眼睛敏捷，观察细密、周全。中国古代文献早有记载，如《史记·李将军

列传》中有"是必射雕者也",司马贞索引:"雕,一名
鹫。"《本草纲目》:"雕似鹰而大,尾长翅短,土黄色,
鸷悍多力,盘旋空中,无细不睹。"

雕属于鸟纲隼形目鹰科雕属,
属于中国二级保护动物。别名黑
雕、花雕、皂雕。外形像鹰一样,
比鹰大,翅膀短,尾巴长。体羽为
暗栗褐色,背面有金属光泽。尾上、尾下覆羽均缀以白色和棕白
色羽毛,趾黄色,爪黑色,嘴黑褐色,鼻孔圆形。常常在空中盘
旋,以俯冲而下的方式捕捉食物,属食肉性动物。雕栖息于草原
及湿地附近的林地,大多在飞翔中或伏于地面的捕食,取食鱼、
蛙、鼠等动物,也食金龟子、蝗虫。雕常在高山岩石或乔木上筑
巢,用树枝、树皮筑成盘状。雕在我国有很多个品种,但我国常
见的种类是金雕和乌雕。金雕体形大,全身为黑褐色,毛色为雕
类中最黑的一种;飞翔时翼长而宽,尾端稍呈圆形;栖息于山
地,常高踞山崖巅顶或飞翔于高空中;性凶猛,喜食野兔、雉、
鹑以至大型哺乳动物,如幼麝等。乌雕俗称皂雕或花雕,体形比
苍鹰大,全身黑褐色,腰部有 V 字形白斑,尾比金雕及白肩雕
长;常栖于沼泽、河川、水边等地,嗜食蜥蜴、蛙、鸥、鸦以及
鼠类;终年留居我国东北和长江下游一带,冬季常见于福建、广
东等地。

　　我国古代诗歌中有很多描写"雕"的诗句，如梅尧臣《薛九宅观〈雕狐图〉》："雕争怒力狐争死，二物形意无纤殊。"马致远《金字经》："夜来西风里，九天雕鹗飞。"杜甫《奉赠严八阁老》："蛟龙得云雨，雕鹗在秋天。"杜牧《赠猎骑》："已落双雕血尚新，鸣鞭走马又翻身。"僧齐己《相歌辞·野田黄雀行》："殷勤避罗网，乍可遇雕鹗。雕鹗虽不仁，分明在寥廓。"

　　汉语中，用"雕"组成的成语有，"一雕双兔"，指三人并列显位，一人势盛而两人受其挟制。"燕雀岂知雕鹗志"，比喻平凡的人哪里知道英雄人物的志向，同"燕雀安知鸿鹄之志"。"画卵雕薪"，意为在鸡蛋、薪木上雕画图形，是古代富豪生活穷奢极侈的一种表现。"雕心雁爪"，比喻心狠手辣。而用"雕"组成的歇后语有：饿老雕吃芋头——面蛋；老雕变夜猫子——一辈不如一辈；雕戴皮帽——假充鹰。

鹭

　　鹭 lù　小篆写作鷺。"鹭"为形声字，上下结构，"路"为声旁，"鸟"为形旁，表示大概的意义类属，表示鹭是鸟名。李时珍在《本草纲目·禽一·鹭》里是这样描述的："鹭，水鸟也。林栖水食，群飞成序，洁白如雪，颈细而长，脚青善翘，高尺余，解指短尾，喙长三寸，顶有长毛十数茎。"《本草纲目》还解释了"鹭"的得名之由，记载说："鹭飞则露，其名以此。步于浅水，好自低昂，如舂如锄之状，故曰舂锄。"

鹭是鹳形目鹭科鸟类的通称，又叫鹭鸶、雪客、舂锄、白鸟，是一种水鸟，它的毛很白，颈部细长，脚呈青色，身高约有一尺，它的脚趾分开，尾巴很短，嘴长约三寸，因此具有长嘴、长颈、长脚的外形。鹭鸶的头顶有十几根长毛，可用来作诱饵捕鱼；飞行时就把长颈缩成 S 形，长腿会伸出尾后，振翅缓慢，这些是野外鹭科鸟类的辨识特征。鹭鸶为大中型涉禽，主要活动于湿地及林地附近，是湿地生态系统中的重要标志物种。鹭是很古老的鸟类，大约在 5 500 万年前就已在地球上活动。鹭栖息于沿海岛屿、海岸、海湾、河口及其沿海附近的江河、湖泊、水塘、溪流、水稻田和沼泽地带。鹭单独、成对或集成小群活动的情况都能见到，偶尔也有数十只在一起的大群。我国常见的种类有苍鹭，头顶白，羽冠黑，上体余部为灰色；下体白色，只有前颈下部和胁部有黑色大斑。为东北向南至海南、台湾等省，向西到甘肃西北部及青海、西藏的留鸟。肉有臭气和怪味，但冠羽、肩羽、胸羽可作饰品。

鹭，又名雪客，这个别名很是高雅，在中国文化中享有一定的地位，在人们心目中象征着高洁，以至明清两代六品文官的官服上都绣有鹭鸶的图案。

鹭也是中国古代诗歌描写的主要对象，如白居易《白鹭》："人生四十未全衰，我为愁多白发垂。何故水边双白鹭，

无愁头上亦垂丝。"李白《白鹭鸶》："白鹭下秋水，孤飞如坠霜。心闲且未去，独立沙洲傍。"刘长卿《杂咏八首上礼部李侍郎·白鹭》："亭亭常独立，川上时延颈。秋水寒白毛，夕阳吊孤影。幽姿闲自媚，逸翮思一骋。如有长风吹，青云在俄顷。"顾况《白鹭汀》："霏靡汀草碧，淋森鹭毛白。夜起沙月中，思量捕鱼策。"刘禹锡《白鹭儿》："白鹭儿，最高格。毛衣新成雪不敌，众禽喧呼独凝寂。孤眠芊芊草，久立潺潺石。前山正无云，飞去入遥碧。"卢仝《白鹭鸶》："刻成片玉白鹭鸶，欲捉纤鳞心自急。翘足沙头不得时，傍人不知谓闲立。"陆龟蒙《白鹭》："雪然飞下立苍苔，应伴江鸥拒我来。见欲扁舟摇荡去，倩君先作水云媒。"张志和《渔歌子》："西塞山前白鹭飞，桃花流水鳜鱼肥。青箬笠，绿蓑衣，斜风细雨不须归。"

因大家对鹭的熟悉和热爱，由"鹭"组成的成语很多，如"鹭朋鸥侣"，指与鹭、鸥为友，比喻隐居生活；"鹭序鸳行"，白鹭、鸳鸯群飞有序，比喻百官上朝时的行列；"鹭约鸥盟"，指与鹭、鸥相约结盟，比喻隐居者的生活；"鸥鹭忘机"，指人无巧诈

之心，可以亲近，后比喻淡泊隐居，不以世事为怀；"闲鸥野
鹭"，比喻退隐闲散之人，也可比喻非正当男女关系中的女方；
"振鹭充庭"，白鹭群飞，集于庭中，比喻朝廷里人才济济。而用
"鹭"组成的谚语有：白鹭飞溪河，洪水必然到；乌鸦不是墨染
黑，鹭鸶不是粉染白。歇后语有：雪隐鹭鸶——飞始见；鹭鸶腿
上劈精肉——无中觅有；蚂蟥叮住鹭鸶脚——叮（盯）住不放；
白鹭鸶找鱼虾——嘴长；鹭鸶脚上挂蚂蚱——飞不了你，跑不
了它。

雀

雀 què 甲骨文、金文和小篆分别写作雀、雀、雀。
甲骨文形体由丷（小）和雀（隹，鸟）组成，表示体形
小的鸟类。金文雀、篆文雀承续了甲骨文字形。中国古
代文献是这样描述雀的，《说文解字》："雀，依人小鸟
也。从小、隹。"《本草纲目》："雀，短尾小鸟也。栖宿
檐瓦之间，如宾客然，故曰瓦雀、宾雀，又谓之嘉宾
也。俗呼老而斑者为麻雀，小而黄口者为黄雀。"

雀，即麻雀，在中国文化里又名树麻雀、霍雀、嘉宾、瓦
雀、琉雀、老家子、老家贼、照夜、麻谷、南麻雀、禾雀、宾

雀、厝鸟、家雀儿等，是鸟纲雀形目文鸟科麻雀属鸟类的通称。雀的嘴短而坚硬，呈圆锥形，稍向下弯；头、颈处呈深栗色，背部为浅栗色，饰以黑色条纹，脸颊部左右各一块黑色大斑，这是麻雀最易辨认的特征之一，肩羽有两条白色的带状纹；尾呈小叉状，浅褐色。麻雀多活动在有人类居住的地方，如屋檐、墙洞，有时会占领家燕的窝巢，性极活泼，胆大而喜近人，但又具极高的警惕性和好奇心。

中国是一个麻雀大国，即使曾经进行过大规模的除"四害"，也没能把麻雀灭绝。这说明生活在人类周边的小麻雀，有着极其顽强的生命力和很强的适应能力。

麻雀还有一定的记忆力，懂得知恩图报。在中国民间流传着"杨雀衔环"的动人故事。南朝梁吴均《续齐谐记》中记载，东汉弘农人杨宝在年少时救了一只黄雀，后有一黄衣童子送白环四枚相报，谓当使其子孙显贵，位登三公。后因以"杨雀衔环"作为报恩的典故流传于世。

描写"雀"的诗也在中国古典诗歌领域里占有重要的地位，比较著名的如杨万里《寒雀》："百千寒雀下空庭，小集眉梢语晚晴。特地作团喧杀我，忽然惊散寂无声。"苏轼《梅花词和杨元素》："寒雀满疏篱，争抱寒柯看玉蕤。忽见客来花下坐，惊飞。踏散芳英落酒卮。"

中国文化里，因麻雀为人们所熟知，因此根据麻雀的不同特性，用"雀"构成了数量可观的歇后语，如：大麻子喂麻雀——喂一个，跑一个；凤凰麻雀换巢——贵贱颠倒；开笼放麻雀——各奔前程；麻雀搬家——叽叽喳喳；洞庭湖里的麻雀——见过风浪；八个麻雀抬轿——担当不起；炒了一盆麻雀脑袋——多嘴多舌；半天云里打麻雀——空对空；麻雀嫁女——细吹细打；麻雀饮河水——干不了；麻雀飞进照相馆——见面容易说话难；麻雀飞到旗杆上——鸟不大，架子倒不小；麻雀飞到糖堆上——空欢喜；麻雀掉在面缸里——糊嘴；麻雀开会——细商量；麻雀飞大海——没着落；麻雀鼓肚子——好大的气；才出窝的麻雀——翅膀不硬。

鸥

鸥 ōu 小篆写作鷗。"鸥"为形声字，从鸟，从区（ōu），区亦声。"区"意为"盛装食物的容器"。"区"和"鸟"联合起来表示"肚子里装满人类饭食的水鸟"，所以鸥的本义是爱吃人类饭食的水鸟。《本草纲目》："鸥者，浮水上，轻漾如沤也。又本作沤。在海者名海鸥，在江者名江鸥。海中一种随潮往来，谓之信凫。"
"沤"有"水泡"的意思，因鸥常常漂浮于水面之上，
有如水上之水泡，故得此名。

　　鸥在动物分类学上是鸟纲中鸥形目中的一个科。鸥属于鸥
科，又名"水鸮"和"鹭"。鸥的形象像常见的白鸽或小白鸡，
长脚长嘴，鸥成群飞翔，三月份
产卵。生活在海边的称海鸥，生
活在湖边或江边的称江鸥。还有
一种鸥，它随海潮的涨落而来去，
人们称为"信鸥"。鸥为长翼蹼足
水鸟，体形较大，身体较粗壮，喙较厚，喙端略呈弯钩状，通常
待在岸边或内陆水域附近，是港口重要的食腐动物。成群活动；
善游泳，不能潜水；以鱼、虾、水生昆虫、软体动物等为食。中
国常见的有红嘴鸥，头和颈为深褐色，后部变为黑褐色；眼周有
白色羽圈，下背、肩、腰及两翅和内侧覆羽与次级覆羽均为珠灰
色；上背、外侧大覆羽和初级覆羽均为白色，尾上覆羽、尾羽皆
为白色，下体全为白色，胸部、腹部呈淡灰色。
　　鸥在中国文化中常用来比喻隐居，并由此衍生出了一系列词
汇，如"鸥没"，因鸥鸟逍遥飞翔于水面，比喻隐居者生活的悠
闲与自在；"鸥盟"，与鸥为友，指隐居江湖；"鸥梦"，喻隐居的
志趣；"鸥情"，喻退隐者的心情。

"鸥"也是中国古代诗歌常常歌咏的对象，如杜甫的《鸥》"江浦寒鸥戏，无他亦自饶。却思翻玉羽，随意点春苗。雪暗还须浴，风生一任飘。几群沧海上，清影日萧萧。"顾况的《海鸥》"万里飞来为客鸟，曾蒙丹凤借枝柯。一朝凤去梧桐死，满目鸥鸢奈尔何。"

汉语中，用"鸥"组成的成语有"鸥水相依"，比喻离不开赖以生存的环境；"鸥波萍迹"，意为鸥鸟戏波，浮萍浪迹，比喻隐居者安逸闲适、自由自在的生活。成语中鸥与鹭常成对出现，因此其他带有"鸥"的成语请见"鹭"部分的相关内容。

蝇

蝇 yíng　小篆写作𧎅。《六书通》里还写作𧎢、𧑅。从形体结构来说，"蝇"字从虫从黾，"黾"为"吃食少而繁殖多"的意思，所以"蝇"的本义是"吃食少而繁殖多的虫子"。明朝李时珍在《本草纲目》里是这样描写的："蝇飞营营，其声自呼，故名"，又："蝇处处有之。夏出冬蛰，喜暖恶寒，苍者声雄壮，负金者声清括，青者粪能败物，巨者首如火。"这描绘出了不同种类的苍蝇的特点。

蝇为双翅目环裂亚目蝇科昆虫的通称。住区蝇类大多属于花蝇科、厕蝇科、蝇科、丽蝇科、麻蝇科等。幼虫为专性寄生虫的有狂蝇科、皮蝇科、胃蝇科等。有一类蝇的身体呈暗灰、黑灰、黄褐、暗褐等色，另一类蝇则呈蓝绿、青、紫等金属光泽。蝇属于完全变态性昆虫，其生活史由卵、幼虫、蛹和成虫4个时期组成。蝇的多数种类产卵，有些种类直接产幼虫。其共同的外形特征是：头部呈半球形；复眼大，通常雄蝇两眼间距离较窄或者相接，雌蝇较宽，有的种类雌雄蝇复眼距离区别非常小，有的则完全没有区别；头顶有3个排成三角形的单眼；面中央长有1对触角，分3节，第3节最长，其基部的前外侧有1根触角芒。非吸血蝇类的口器为舐吸式，由基喙、中喙和口盘组成，基喙上有1对单节触须。口器可伸缩折叠，以口盘直接舐吸食物。

蝇除骚扰人、污染食物和叮刺吸血外，更重要的是它会传播多种疾病和引起蝇蛆病。早在200多万年前，苍蝇就开始在这个星球上繁衍生息，经过多年的进化，苍蝇有特别出色的眼睛，它的眼睛由2 000多只复眼组成，视野开阔。蝇有异常敏锐的嗅觉，超强的飞行技能和飞檐走壁的本领。正因为苍蝇骚扰人畜，污染环境，且能传播多种疾病，曾被列入"四害"之一。在中国传统文化中，苍蝇是彻头彻尾的丑陋的形象代表，几乎就无人喜欢。也正因为它传播疾病的能力，可谓是无孔不入，令人防不胜防，因此苍蝇也就象征着势利、无德、无能。

苍蝇也常以负面形象出现在中国古代诗歌里，如宋戴表元

《无题》："板屋骤喧飞白蚁，纸窗欲雨暗苍蝇。"唐徐夤《逐臭苍蝇》："逐臭苍蝇岂有为，清蝉吟露最高奇。"宋王迈《题致爽轩诗》："明珠积斗满金簏，时人逐臭如苍蝇。公子一过掩其鼻，长物何足污吾清。"宋梅尧臣《次韵和永叔石枕与笛竹簟》："我吟困穷不可听，昼夜蚊蚋苍蝇声。蝇如远鸡耳初感，蚊若隐雷空际鸣。"宋苏轼《次韵徐仲车》："苍蝇莫乱远鸡声，世上谁如公觉早。"唐罗隐《蟋蟀诗》："蚊蚋有毒，食人肌肉。苍蝇多端，黑白偷安。"

汉语中，由"蝇"组成的成语有：蝇营狗苟、蝇粪点玉、白璧青蝇、青蝇染白、青蝇点素、蝇头小利、青蝇之吊、青蝇点璧、苍蝇见血、托骥之蝇、蝇营蚁附、如蝇逐臭、蝇集蚁附、蝇名蜗利、臭肉来蝇、蝇营鼠窥、以肉驱蝇、以鱼驱蝇、蝇头蜗角、蜗名蝇利、蝇攒蚁聚、蝇声蛙躁。跟"蝇"有关的谚语有：苍蝇不叮无缝的蛋。歇后语有：苍蝇采蜜——装蜂（疯）；苍蝇掐脱头——乱撞；苍蝇嘴巴狗鼻子——真灵；苍蝇不咬人——恶心人；苍蝇的翅膀——扇不起多少风浪；苍蝇飞进牛眼里——找泪（累）吃；苍蝇给牛抓痒——无济于事；苍蝇戴龙眼壳——盖头盖面。这些由"蝇"组成的成语、谚语、歇后语等大多是贬义的，这可能与人们对苍蝇的厌恶心理有关。

蚁

蚁 yǐ 小篆写作蚁。"蚁"为形声字。从虫，义声。"虫"表意，其古文字形体就像虫，表示蚂蚁是虫属；"义"表声。明朝李时珍在《本草纲目·虫二·蚁》里是这样记载的："蚁处处有之，有大、小、黑、白、黄、赤数种。穴居卵生。其居有等，其行有队。能知雨候，春出冬蛰。"

蚁是一种古老的昆虫，它的起源可追溯到 1 亿年前，大约与恐龙生活在同一时代。蚁不但常见而且种类繁多，目前世界上已知的蚁约有 9 000 种，估计全部种类应有 12 000 至 15 000 种，而中国至少有 600 种。我国古代很早就有关于蚁的文字记载，成书于汉代初期的《尔雅》中就有蚍蜉、蚁、打蚁、飞蚁等字，但这里所指的蚁，有的与白蚁相混。蚁亦可称为蚂蚁，膜翅目蚁科昆虫。广义的"蚁"指蜂以外的社会性昆虫，即包括等翅目的白蚁和膜翅目的蚂蚁；狭义的"蚁"仅指膜翅目的蚂蚁，隶属于昆虫纲膜翅目蚁科，也有将其划为蚁总科的。蚁的颜色有黄、褐、红或黑色，少数发出金属光泽。典型的蚁的头部比较大，触角呈膝状，腹部细小，呈卵圆形，借助于细小的腰与胸部相连。口器上生长有两对颚：外面一对供携带食物以及挖掘使用，里面一对供咀嚼用。有的蚁在腹部末端带有螫针。蚂蚁是一种组织性很强的社会性昆虫，它们分工明确，一般分成蚁后、兵蚁和工蚁 3 个等级，蚁后终生产卵；工蚁是做工的雌蚁；兵蚁较大，保卫蚁群，大家各司其职。有些种类则生活在其他种类的巢内，其幼虫由宿主的工蚁喂养。蚁巢大多数构筑在地下、石下，由细枝、沙或砾石构筑而成。蚁的生活史由卵、幼虫、蛹和成虫 4 个阶段组成。

蚂蚁在中华文化里也占据了很重要的地位，特别是蚂蚁永不言弃的精神常常为人们所称赞，例如，如果我们试图挡住蚂蚁的去路，它会立刻想办法找出路，要么翻越过障碍物，要么绕道而行。还有蚂蚁所具有的对未来满怀期望的情怀：整个冬天蚂蚁都憧憬着充满阳光的夏天。在严冬中，蚂蚁们时刻提醒自己，严寒就要过去了，温暖舒适的日子很快就会来临。即便是少有的冬日暖阳也会吸引蚂蚁们倾巢而出，在阳光下舒活舒活筋骨，一旦寒流袭来，它们又立刻躲回温暖的巢穴，等待着下一个艳阳天的召唤。此外还有蚂蚁勤勤恳恳、全力以赴的工作态度等也无不成为一种精神的象征。

蚁还是中国姓氏之一。在潮汕地区的澄海有蚁姓人聚族而居的两个村落，两村的人口约 6 千人，除此之外蚁姓人还有若干零星居住点，全潮汕估计超过 1 万人。它的来源也十分扑朔迷离，即使在明代人凌迪编撰的《万姓通谱》这样姓氏搜罗颇广的古代书籍也没有记载蚁姓，可见这个姓不单稀有，还很年轻。蚁姓来源说法不一，在其发源地福建莆田，对蚁姓来源有 3 种说法：源出李姓，因避祸改姓"蚁"；"蚁"、"蛾"同源，该括氏的著名郡望为河东；福建古闽族土著有雷、蓝、车、蚁四个族姓，蚁姓属闽越土著遗裔。

蚁也是中国古诗描写的对象。唐白居易《问刘十九》："绿蚁新醅酒，红泥小火炉。"宋史浩《蝶恋花》："玉瓮新醅翻绿蚁，滴滴真珠，便有香浮鼻。"宋陈造《再次韵四首》："新酿开缸渌蚁浮，旧辞仍缺唾壶讴。"宋梅尧臣《依韵和丁学士陪诸公城东饮》："荐肴已去纱笼幂，赐酝新从蚁瓮来。"

汉语里，除用"蚁"构成成语以外，人们还用"蚁"构成了相当数量的谚语、歇后语，成为汉语里的一道风景线，谚语诸如：蚂蚁搬家蛇过道，明日必有大雨到；宁做蚂蚁腿，不学麻雀嘴；碎毛集成毯，蚂蚁搬泰山；蚂蚁成群，大雨来临，蚂蚁过道，大雨快到；蚂蚁搬家晴必雨，蜘蛛结网雨必晴；蚂蚁牵绳，风雨将临；蚂蚁搬家，必有雨下；齐心的蚂蚁吃角鹿，合心的喜鹊捉老虎；蚂蚁拦路天转阴，蜜蜂出窝天放晴；蚂蚁爬树不怕高，有心学习不怕老。歇后语有：蚂蚁搬家——不是风，就是雨；蚂蚁爬树——不怕高；蚂蚁背田螺——假充大头鬼；蚂蚁嘴碾盘——嘴上的劲；蚂蚁爬扫帚——条条是路；蚂蚁关在鸟笼里——门道很多；蚂蚁讲话——碰头；蚂蚁尿书本——湿（识）字不多；蚂蚁搬磨盘——枉费心机；蚂蚁脖子戳一刀——不是出血的筒子；蚂蚁拖耗子——心有余而力不足；蚂蚁拾虫子——一个个使劲；蚂蚁背螳螂——肩负重任；蚂蚁头上砍一刀——没血肉；蚂蚁吃萤火虫——亮在肚里；蚂蚁戴谷壳——好大的脸皮；蚂蚁搬泰山——下了狠心；蚂蚁扛大树——不自量力；蚂蚁头上戴斗笠——乱扣帽子；蚂蚁爬上牛角尖——自以为上了高山；蚂蚁上豆架——小东西借大架子吓人；蚂蚁看天——不知高低；蚂蚁喝水——点滴就够啦；蚂蚁进牢房——自有出路；蚂蚁啃骨头——慢慢来；热锅上的蚂蚁——急得团团转。

蝎

蝎 xiē　小篆写作蠍。蝎为会意字。《说文解字》："蝎，毒虫名。"也称"钳蝎"。蝎，蛷螋也。"蝎"为形声字，从虫，古文字形体像条虫，人们一般把蝎子看成毒虫。"曷"表声。蝎字属于曷字族。在曷字族里，曷字都是声符兼意符，从曷的字，大都有高的含义。因蝎子在攻击对手时总是把尾部举得高高的，随时准备给予对方致命的一刺。

　　蝎，俗称蝎子，是蛛形纲动物。陆地上最早的蝎子大约出现于四亿三千万年前的希留利亚纪。世界上的蝎子约有 800 种，中国的蝎子约有15种。蝎的总特征为：身体细长，尾部为环节形，末端有一毒刺。蝎生长有6对附肢：第一对附肢小，用以撕开猎物；第二对附肢比较大，末端两节坚硬，呈钳子状，水平地伸向前方，用作感觉器官及用以攫住猎物；后四对为步足，末端呈钳子形状。成蝎的外形就像一个纺锤，全身表面都是高硬度的表皮。成蝎的身体分节显著，由头、胸及腹部组成；体黄褐色，腹面及附肢颜色较淡，后腹部第五节的颜色较深。蝎子雌雄异体，外形略有差异。蝎子为卵胎生，受精卵在母体内完成胚胎发育。蝎子属于昼伏夜出的动物，喜好潮湿而怕干燥，喜好阴暗而惧怕强光的刺激。蝎子虽然是变温动物，但它们还是比较耐寒和耐热的。

中国传统文化里，因蝎子有毒，令人望而生畏，往往把它与蛇并列，所谓"蛇蝎心肠"就是用来比喻狠毒之人。《西游记》里有蝎子精，是妖怪之一，本是一只琵琶大小的蝎子，靠修行多年，练就了一身高强的武艺，成精后便使用一柄三股钢叉，鼻中喷火，口中吐烟，神通广大，法力无边。尽管如此，在古代神话中，蝎子的象征意义既有代表善良的一面，也有代表邪恶的一面。在漫长的历史长河中，人们赋予蝎子以人的性格，使得蝎子的形象更加丰满和多样。一方面许多的民间传说都把蝎子刻画成好斗的形象。在古代神话中，蝎子是背叛、死亡、危险、痛苦、恶毒、仇恨和魔鬼的象征。它扮演着杀手的角色，会吞噬小动物。但是，另一方面，在寺庙里，蝎子则以保护达摩的形象出现，因为僧侣们认为蝎子是一种和谐的标志，谁伤害了别人，谁就会受到蝎子的惩罚。

蝎也是中国古代诗歌歌咏的对象，如宋邵雍《蝎蛇吟》："蛇毒远于生，蝎毒近于死。蛇蝎虽不同，其毒固无异。蛇以首中人，蝎以尾用事。奈何天地间，畏首又畏尾。"

汉语里，由"蝎"组成的成语有："撩蜂剔蝎"，比喻招惹恶人，自讨苦吃；"蛇头蝎尾"，指蛇蝎之毒，蛇之毒在牙咬，蝎螫毒在尾刺，故称，亦泛指毒害人的东西；"蛇蝎为心"，形容心肠狠毒；"蛇蝎心肠"，形容心肠狠毒；"蝎蝎螫螫"，形容人婆婆妈妈，在小事情上过分地表示关心、怜惜。跟"蝎"有关的谚语有：墙缝里的蝎子，螫人不显身；蝎子的尾，马蜂的针，最毒莫过坏人的心；一物降一物，卤水点豆腐，蝎子怕公鸡，秧苗怕蝼蛄；夜间蝎子多，白天大雨落；蝎子水缸底下爬，天公就要把雨下。歇后语有：蝎子的屁股——毒（独）门；蝎子蜇蛇——一个比一个毒；蜈蚣吃蝎子——以毒攻毒；蝎子跑到刺猬上——怎么蜇（着）；长尾巴蝎子——一肚子坏水；蝎子尾巴——碰不得；蝎子放屁——毒气大；蝎子甩尾巴——毒汁四溅；墙缝里的蝎子——暗中伤人；癞蛤蟆生蝎子——一窝更比一窝毒；最毒不过蝎子的尾巴——针（真）毒；蝎子掉进裤裆里——由你蜇（折）疼（腾）；蝎子爬进砒霜粉——浑身是毒；一个窝里的蝎子——早有勾结。

蜂

蜂 fēng 小篆写作蠭。形声字。隶书从二虫，表示
蜂是群居群飞的昆虫。李时珍在《本草纲目》里说：
"蜂尾垂锋，故谓之蜂。"这道出了"蜂"名字的由来。

蜂，通常指所有蜜蜂总科的昆
虫，主要分为两类：胡蜂科及蜂
族，和蚂蚁同属膜翅目，普通蜜蜂
只是其中的一科。所有的蜂都以花
蜜和花粉为食物，并在为花授粉过
程中起着非常重要的作用。其口器是尖针状的，以便吸取花蜜。
另外还长有两对翅膀，后翅较小，腿部多毛，可以搜集和承载花
粉；腹部末端长有一毒刺。全世界大约有一万六千种蜂。各种蜂
的生活习性不同，有的是独居生活的，有的是以各种不同的群居
形式来生活，发展程度最高的形式是社会性聚居，例如蜜蜂和无
刺蜂等。社会性聚居的蜂生活在大型的蜂巢中，每个蜂巢有一个
蜂后，其他的是众多的工蜂和少数雄蜂生活在一起。蜜蜂科雄蜂
的职责是繁殖后代，雄蜂一生只能与蜂后交配一次，交配结束后
几分钟内死亡。在秋天时，蜂后会寻找树洞冬眠，春天蜂后开始

从冬眠中苏醒，自己寻找合适的蜂巢，开始生育并建造新的蜂群。普通蜜蜂在冬天能全巢一起越冬，冬天蜂后就开始产卵，在每一个巢洞中产一个卵，待它孵化成幼虫后，由分工保育的工蜂喂食。蜂之间使用气味来交流，有的种类的蜂则使用一种肢体语言，它们以飞行方式来传递信息，如飞行时画"8"字，或转圈等以表示不同的信息。

蜂在中国传统文化中占有一席之地。例如蜜蜂在人们心目中象征着默默无闻、辛勤耕耘、无私奉献的精神。在中国古诗王国中，赞美蜂的诗歌占了很大的比例，比较有名的如罗隐的《蜂》："不论平地与山尖，无限风光尽被占。采得百花成蜜后，为谁辛苦为谁甜?"吴承恩《咏蜂》："穿花度柳飞如箭，粘絮寻香似落星。小小微躯能负重，器器薄翅会乘风。"杜甫《绝句》："蔼蔼花蕊乱，飞飞蜂蝶多。幽栖身懒动，客至欲如何。"钱起《蜜脾咏蜂》："年年花市几曾淹，斟暖量寒日夜添。采得百花成蜜后，为谁辛苦为谁甜。"姚勉《咏蜂》："百花头上选群芳，收拾香腴入洞房。但得蜜成甘众口，一身虽苦又何妨。"王锦《咏蜂》："纷纷穿飞万花间，终生未得半日闲。世人都夸蜜味好，釜底添薪有谁怜。"元稹《芳树》："游蜂竞钻刺，斗雀亦纷拏。天生细碎物，不爱好光华。"

在汉语里，由"蜂"构成的成语有：蜂合蚁聚、戏蝶游蜂、蚁集蜂攒、蜂虿有毒、议论蜂起、蜂出并作、狂蜂浪蝶、异议蜂起、鹤膝蜂腰、蜂拥蚁屯、蜂拥蚁聚、浪蝶游蜂、招蜂引蝶、狼猛蜂毒、剔蝎撩蜂、蜂屯蚁聚、蜂劳蝶嚷、蜂拥而来。与"蜂"有关的谚语有：蜂采百花酿甜蜜，人读群书明真理；要学蜜蜂勤到老，莫学露水一时干；蜜蜂出窝天放晴，鸡不入窝阴雨来；蜜蜂归巢迟，来日好天气；两亩果园一箱蜂，蜜旺果肥吃不清；要想水果长得好，还得蜜蜂把花咬；谷雨不放蜂，十桶九桶空；养蜂不用种，只要勤做桶；春天不放蜂，来年一场空；惊蛰不放蜂，十箱九箱空；花好蜜好蜂定好，王好群强蜂更好；一家养好数群蜂，柴米油盐不落空；要学蜜蜂采百花，问遍百家成行家；天无二日，蜂无二王；蜜蜂低飞，有雷雨；蜜蜂不出窝，风雨快如梭。而"蜂"构成的歇后语有：马蜂叮屁股——痛不可言；蜜蜂酿蜜——为别人操劳；马蜂窝——捅不得；春天的蜜蜂——闲不住；劳劳碌碌的蜜蜂——甜头给了别人；蜂叮秃子——没遮没盖；蜂糖蒸核桃仁——又甜又香；蜂窝里挖蛋——想挨蜇了；苍蝇采蜜——装蜂（疯）；蜜蜂的窝——窟窿多；蜜蜂的屁股——刺儿头；无王的蜜蜂——乱了群；出巢的蜜蜂——满天飞；蜜蜂叮镜中花——白费功夫；蜜蜂飞到彩画上——空欢喜；蚂蚁的腿，蜜蜂的嘴——一天忙到晚；蜜蜂叮在玻璃窗——看到光明，没有出路；炸了窝的马蜂——乱哄哄；黑瞎子舔马蜂窝——怕挨蜇就别想吃甜头。这从一个侧面反映出"蜂"在人们心目中的地位。

蛾

蛾é 小篆写作𧒒。《六书通》里又写作𧕆。从汉字结构来看，"蛾"为形声字。左为"虫"，形旁，表意，古文字形体像条虫，表示蛾是昆虫；"我"表声又表意，蛾产卵，卵变成幼虫，幼虫又变成蛾，有循环蜕变而依然故我的意思。

蛾是一种与蝴蝶有亲近关系的昆虫的总称，属于昆虫纲中之鳞翅目。蛾类是鳞翅目中最大的类群，占到鳞翅目种类的十分之九左右。蛾类的外观变化很多，很难作一般的描述，其总的特点是：蛾类大多在夜里活动，视觉及嗅觉非常发达；口器呈曲管式，常卷置于头部前，以吸食花蜜、果汁、树汁及其他腐汁为生；幼虫多以植物叶片或植物果实为生，成为农林作物的害虫；也有少数为益虫，能为植物传播花粉及为人类提供食物原料。蛾属于完全变态昆虫，第一步是从卵孵化成幼虫或毛虫，开始进食；幼虫经过多次蜕皮，发育到一定程度就变成蛹，并做成茧把自己缠绕起来，蛹在茧里发育成飞蛾。植物可为多种蛾类幼虫提供食物，蛾类的幼虫及成虫也是鸟类、爬虫类、两栖类等食虫性动物的主要食物来源之一，形成大自然很重要的食物链。大部分的寿命不超过一年，它们在死亡之前进行交配。

因为蛾类具有趋光性特点，经常将灯光及火光误以为月光并向其飞去，故从旁观者看来，蛾类好像自然会被光所吸引；但更精确的说法应该是"因为飞蛾头晕搞不清楚方向"而围绕着明亮的物体盘旋。蛾类利用光线来作为罗盘导航，并且进化成会利用眼睛里固定的部分来接受光线的本能，因此，即使是火，蛾也会把它当作光。中国歇后语中"飞蛾扑火——自取灭亡"的说法即源于此。

此外，蛾类与蝶类的主要区别在于：蛾类多在夜晚活动，静止时双翅盖在身上呈屋脊状，身体多呈暗黑色，触角呈羽状、齿状或丝状；蝶类多在白天活动，静止时双翅直立背上，身体鲜艳，触角呈锤状或棒状。

中国古代诗歌对蛾也有大量的描写，如诗歌"物性自有僻，附炎岂我情。宁投明处死，不向暗中生"就歌颂了蛾向往光明的品性。张祜《赠内人》："斜拔玉钗灯影畔，剔开红焰救飞蛾。"王建《新晴》："檐前熟著衣裳坐，风冷浑无扑火蛾"以及齐已在《默坐》中的"灯引飞蛾拂焰迷，露淋栖鹤压枝低"等诗句，都揭示了蛾类夜晚扑火的习性。当然对蛾的特征描绘得最惟妙惟肖的要算"双蛾来翩翩，慕此堂上烛，附炎尽何功，自取焚如酷"这首古诗了。可以说，这是对"飞蛾扑火——自取灭亡"这句歇后语和蛾类具有"趋光性"的最佳描绘。

汉语中，"蛾"构成的成语有：蛾眉皓齿、灯蛾扑火、宛转蛾眉、皓齿青蛾、以火去蛾、飞蛾赴烛、蛾眉曼睩、淡扫蛾眉。跟"蛾"有关的谚语有：蚕长毛，蛾长腿，受闷伤热难保本；清明蛾子谷雨卵，立夏蚕上山；头伏蛾二伏卵，秋天做好茧。歇后语有：飞蛾扑火——自取灭亡；飞蛾撵蜘蛛——自投罗网。

蝉

蝉 chán　小篆写作𧒲。"蝉"为形声字，"单"既是声旁也是形旁，是"弹"的省略，表示弹唱。故蝉由"虫"和"单"组成，表示善于弹唱的昆虫。李时珍《本草纲目》："蝉，诸蜩之总名也。俱方首广额，两翼六足，以胁而鸣，吸风饮露，溺而不粪。古人食之，夜以火取，谓之耀蝉。夏月始鸣，大而色黑者，蚱蝉也，亦曰马蜩。"

蝉是蝉科昆虫的代表种，属于同翅目，俗称"知了"。世界已知的蝉有 3 000 多种，我国已知种类有 120 种之多，常见的蝉有：蟪蛄、蚱蝉、寒蝉、鸣鸣蝉、红蝉等。蝉因种类的不同，颜色也各异，但蝉的总的特征主要有：蝉的两眼中间有三个不太敏感的眼点，两翼上简单地分布着起支撑作用的细管；它的身体两侧有较大的环形发声器官，为不完全变态类昆虫；雄的腹部有发音器，能连续不断发出尖锐的声音；雌的不发声，但在腹部有听器。很长时间里，古人错误地认为蝉是靠振动翅膀发声的。蝉的幼虫生活在土里，吸食植物的根，成虫吃植物的汁；蝉由卵、幼虫（若虫），经过蛹的时期而变为成虫。一般经 5 次蜕皮，需要几年的时间才能成熟。

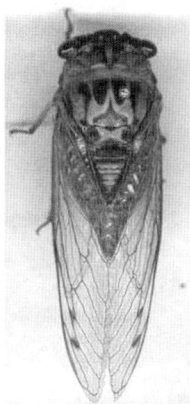

　　蝉在中国文化里占有非常重要的地位，它象征着复活和永生，这源自于蝉比较长的生命周期，即它最初是幼虫，后来成为地上的蝉蛹，最后变成飞虫。蝉的卵多产于树木嫩枝的皮下组织内，幼虫生活在土中长达数年之久，北美有一种蝉，它的幼虫需在土中生活 17 年，故称 17 年蝉。蝉的幼虫形象最早见于商代青铜器上，从周朝后期到汉代的葬礼中，人们总把一个玉蝉放入死者口中以求庇护。但是，最值得一提的是，自古以来，人们对蝉最感兴趣的莫过于它的鸣叫声。夏秋季节，当你走进树林时，你就会听到"知了，知了"的悦耳动听的蝉鸣声。蝉鸣为文人墨客们所歌颂，他们用咏蝉的形式来抒发高洁的情怀。从春天到秋天，蝉一直不知疲倦地哼着轻快而舒畅的调子，不用任何乐器伴奏，为人们高唱一曲又一曲轻快的蝉歌，以至人们把它称为"昆虫音乐家"、"大自然的歌手"。

　　古人不知道蝉是依靠吸取树汁为生的，误以为蝉餐风饮露，

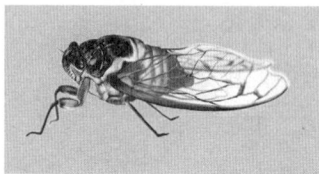

因此蝉在中国古代文化中成为一种高洁的象征，所以古人常以蝉的高洁来比喻自己品行的高尚。正如《唐诗别裁》所说："咏蝉者每咏其声，此独尊其品格。"由此而生出的咏蝉诗形成了中国古典诗歌里的一朵奇葩，如李商隐《蝉》："烦君最相警，我亦举家清"。王沂孙《齐天乐》："甚独抱清高，顿成凄楚。"这些诗歌都是用蝉喻指高洁的人品。比较著名的咏蝉诗还有虞世南《蝉》："垂绥饮清露，流响出疏桐。居高声自远，非是藉秋风。"骆宾王《在狱咏蝉》："西陆蝉声唱，南冠客思深。不堪玄鬓影，来对白头吟。露重飞难进，风多响易沉。无人信高洁，谁为表予心？"

汉语里由"蝉"构成的成语有：寒蝉凄切、金蝉蜕壳、貂蝉满座、春蛙秋蝉、蝉蜕蛇解、蝉蜕龙变、黄雀伺蝉、功薄蝉翼、自同寒蝉、蝉联往复。跟"蝉"有关的谚语有：雨中闻蝉叫，预告晴天到；早蚯闻蝉叫，晚蚯迎雨场；落雨柴蝉叫，当天就要好；蝉搬家，雨浇瓜；知了（蝉）叫娘，麦子上场。歇后语有：螳螂捕蝉——黄雀在后；螳螂扑蝉——不计后患。

蝶

蝶 dié　小篆写作𧉧。"蝶"为左形右声的形声字。

"虫"表意，其古文字形体像条虫，表示蝶为昆虫。
"枼"表声，"枼"是"葉"的本字，表示蝶的翅膀薄
如叶。明李时珍《本草纲目·虫二·蛱蝶》里是这样描
写的："蝶美于须，蛾美于眉，故又名蝴蝶，俗谓须为
胡也。"

蝶，又通称为"蝴蝶"，全世
界有 14 000 余种，大部分分布在美
洲，尤其在亚马孙河流域品种最
多，在世界其他地区除了南北极寒
冷地带以外都有分布。在亚洲，台
湾也以蝴蝶品种繁多而著名。蝴蝶
一般色彩鲜艳，身上有许多条纹，翅膀和身体上均长有各种花
斑。蝴蝶的身体可分为头、胸、腹三部分，有两对翅和三对足。
蝶类触角为棒形，触角的端部各节都很粗壮，呈棒槌状；口器是
下口式；足是步行足；翅是鳞翅，属于全变态。蝴蝶的身体和翅
膀被扁平的鳞状毛覆盖，腹部瘦长。蝴蝶的寿命很短暂，通常成
蝶在自然界中只能存活一个月，如果能顺利越冬，则可以活三至
四个月。蝴蝶的翅膀上是有鳞片的，脱落得越厉害，其寿命就会
越短。蝴蝶身上还有粉末状的东西，其作用有二：一是用于防
水；二是用于逃命，因为那些粉末易于脱落，比如蝴蝶碰到蜘蛛
网，它就容易挣脱。蝴蝶既不是冷血动物，也不是恒温动物，它

的体温会随着外界温度变动，温度下降，它的活力也降低，所以早上八至九点以后我们才能看到蝴蝶飞舞，阴天和雨天蝴蝶一般是不活动的。

蝴蝶最早见于先秦诸子散文《庄子》，其中记载了庄周梦蝶的故事。文中述说庄周梦见自己变成了一只蝴蝶，"栩栩然蝴蝶，不知周也"。他醒来时，惊奇地看到自己还是庄周。因此，他糊涂了，不知是庄周梦见了蝴蝶，还是蝴蝶梦见了庄周。这个寓言故事说明蝴蝶与庄周、外物与我本来就是一体的，彼此之间没有差别，因此物我无间，不必去追究。自此以后的几千年中，"庄周梦蝶"就成了文人墨客借物言志的重要题材，蝶梦也就变成了虚幻的代称。例如，唐代诗人李商隐的《锦瑟》中充满对亡友的追思，抒发了悲欢离合的情怀，诗中就引用庄周梦蝶的典故，上句"庄生晓梦迷蝴蝶"喻物为合，而下句"望帝春心托杜鹃"则喻物为离。描写蝴蝶的诗句还有李白《长干行》："八月蝴蝶黄，双飞西园草。"杜甫诗《曲江二首》："穿花蛱蝶深深见，点水蜻蜓款款飞。"谢逸《蝴蝶》："狂随柳絮有时见，舞入梨花何处寻。"杨万里《宿新市徐公店二首》："儿童急走追黄蝶，飞入菜花无处寻。"卢纶《奉和李舍人昆季咏玫瑰花寄徐侍郎》："蝶散摇轻露，莺衔入夕阳。"元稹《景申秋八百》："蜻蜓怜晓露，蛱蝶恋秋花。"王建《晚蝶》:"粉翅嫩如水,绕砌乍依风。日高山露解,飞入菊花中。"

中国民间还流传着梁山伯和祝英台化成蝴蝶的故事,从此,在中国文化里,双宿双飞的蝴蝶还成了美好爱情的象征,千百年来被人们传唱不绝。梁祝化蝶的故事,最早见于唐人典籍,元人散曲中也有涉及。清邵金彪所作《祝英台小传》中则有详尽的描述:"英台乃造梁墓前,失声恸哭,地忽开裂,堕入茔中,绣裙绮襦,化蝶飞去。……今山中杜鹃花发时,辄有大蝶双飞不散,俗传是两人精魂,今称大彩蝶,尚谓祝英台云。"

蝶也是中国的姓氏之一,元顺三年(1332年),曾有姓蝶名郭蓝字昊都者中得举人,这是第一次蝶姓出现的记载。

在汉语里,"蝶"构成了一定数量的成语,有:蝶粉蜂黄、蝶恋蜂狂、蜂狂蝶乱、蜂迷蝶恋、狂蜂浪蝶、浪蝶游蜂、鹏游蝶梦、戏蝶游蜂、莺歌蝶舞、游蜂戏蝶、招蜂引蝶、庄生梦蝶、庄周梦蝶。跟蝴蝶有关的歇后语有:做梦变蝴蝶——想入飞飞(非非);牛犊子扑蝴蝶——看着容易做着难;成对的蝴蝶——比翼双飞;城隍爷扑蝴蝶——慌了神;老虎舔蝴蝶——不过瘾。

五、水生动物与相关汉字

鱼

　　鱼 yú　甲骨文、金文和小篆分别写作 🐟、🐟、🐟。甲骨文"鱼"为象形字，就像鱼的形状，金文也是承继甲骨文而来。东汉许慎在《说文解字·鱼部》里是这样解释的："鱼，水虫也。象形。鱼尾与燕尾相似。"

　　鱼属于脊索动物门中的脊椎动物亚门，是一种水生的冷血脊椎动物，用鳃呼吸，具有颚和鳍。鱼的体滑而形如纺锤、呈流线形，但因种类不同，鱼又呈现出多样化的特征，诸如有的体形极长，有的极短；有的侧扁，有的扁平；有的鳍大或形状复杂，有的鳍退化乃至消失；有的鱼呼吸空气，浸入水中反而会淹死。鱼肉含有丰富的维生素 A、D 及微量元素，其营养价值非常高，是人类的重要食物来源。鱼还是行为学、生理学、生态学及医学的重要实验动物。目前全球已命名的鱼在 26 000 种以上，而中国现有鱼类近

3 000种，其中淡水鱼约1 000 种。在五亿年前，在地球生命进程中发生了一次重大的飞跃，出现了最早的鱼形动物，揭开了脊椎动物史的序幕，从而推进动物界的发展，地球进入了一个全新的历史阶段。真正的鱼类最早出现于三亿余年前，在整个悠久的历史过程中，曾经生存过的大量鱼类，早已随着时间的消逝而消亡灭绝，现在生存在地球上的鱼类，仅仅是后来出现并演化而来的极少的一部分种类。

鱼文化也是中华文化的重要组成部分。自古以来，中国人对鱼赋予了多种不同的寓意，一是都把鱼当作"灵活"的象征，形成了多吃鱼就"聪明灵活"的观念；二是鱼怀卵量大，繁殖率高，故又把鱼与"多子多福"、"人丁兴旺"联系起来，人们就借鱼来祈求多子多福；三是因"鱼"与"余"同音，"吉庆有余"、"年年有余"可写成"吉庆有鱼"、"年年有鱼"，赋予了喜庆富裕、祝愿美好的意思。

鱼文化的另一个重要的组成部分是有关鱼的美术文化。鱼是水生游动动物，它给人们带来了视觉的美。大大的眼睛，圆圆的嘴巴，壮硕的身体上有清晰齐整的鱼鳞，在阳光下能焕发出金色的亮光。正因为鱼类具备这种特定的美，所以，鱼类历来受到人们的喜爱和赞扬。从古代的鱼形砖块、鱼形瓦当、鱼背龙骨，到现代的鱼纹钢材、鱼骨结构设计、鱼形建筑等，都模仿了鱼的外形结构；器物形制上，从鱼形竹器、木雕，到鱼形玻璃雕刻、鱼形不锈钢构件、鱼形雕塑等，无一不具有鱼的美术形态；艺术上，从民间的穿鱼服跳鱼舞、剪鱼纸挂鱼灯，到现代舞台的鱼形装饰等，无不抹上了浓重的鱼文化色彩。

鱼作为一种吉祥物，是中华传统文化的重要组成部分，在我国历史悠久。如古人有"鱼素"之美称，就是用绢帛写信装在鱼腹中传递信息。汉代蔡邕《饮马长城窟行》诗云："客从远方来，遗我双鲤鱼。呼儿烹鲤鱼，中有尺素书。"隋唐时，朝廷还颁发给百姓"鱼符"（又叫鱼契），即用木雕刻或用铜铸成鱼形，刻字其上，以此作为身份凭证。三国、南宋时的"鱼灯"，佛寺中僧徒诵经时击打的器物"渔鼓"（又叫木鱼）等，这些都给鱼类增添了一丝神秘的色彩。

中国是诗的国度，而写鱼之诗是我国古诗中的一朵奇葩。诗人以鱼为题材，借鱼抒怀，表达怡情山水，或超然物外，或愤世嫉俗的情怀。如戴叔伦《兰溪棹歌》："凉月如眉挂柳湾，越中山色镜中看。兰溪三日桃花雨，半夜鲤鱼来上滩。"李白《赠崔侍郎》："黄河三尺鲤，本在孟津居。点额不成龙，归来伴凡鱼。"张志和《渔歌子》："西塞山前白鹭飞，桃花流水鳜鱼肥。青箬笠，绿蓑衣，斜风细雨不须归。"王安石的《鱼儿》："绕岸车鸣水欲干，鱼儿相逐尚相欢。无人挈入沧江去，汝死那知世界宽？"范成大《鲈鱼》："细捣橙姜有脍鱼，西风吹上四鳃鲈。雪松酥腻千丝缕，除却松江到处无。"叶调元《汉口竹枝词》："不须考究食单方，冬月人家食品良。米酒汤圆宵夜好，鳊鱼肥美菜薹香。"朱凤翔《村处闲吟》："竟说田家风味美，稻花落后鲤鱼肥。"佚名《饮马长城窟行》："客从远方来，遗我双鲤鱼。"宋禧《即事》："一夜海潮河水满，鲈鱼清晓入池塘。"

在汉语大家庭里，用"鱼"构成了为数众多的成语、谚语和歇后语，成语如：鱼目混珠、土崩鱼烂、鱼贯而行、鱼肉百姓、鱼肉乡里、漏网之鱼、临川羡鱼、临河羡鱼、得鱼忘筌、浑水摸鱼、指天射鱼、缘木求鱼、鱼死网破、鱼米之乡、吞舟之鱼、鱼质龙文、白龙鱼服、鱼龙百变、鱼跃龙门、鱼龙混杂、笼鸟池鱼、鱼肠尺素、鱼沉雁杳、鱼书雁帛、鱼雁传书、鱼水和谐、鱼水深情、鱼水之欢、鱼水相欢、如鱼得水、水到鱼行、池鱼之虑、鱼游釜中、池鱼之殃、年年有鱼。谚语有：水浅养不住大鱼；小鱼掀不起大浪；三日打鱼，两日晒网；姜太公钓鱼，愿者上钩；打鱼靠网，打狼靠棒；鱼恋鱼虾恋虾，鱼找鱼虾找虾；池里无鱼虾为大；大鱼吃小鱼，小鱼吃虾米；打鱼的不离水边，打柴的不离山边等。歇后语有：河里的小蓝刀——多鱼（余）；姜子牙钓鱼——愿者上钩；上山钓鱼——财迷转向；河边垂钓——等鱼上钩；鱼钩抛在河中心——放长线钓大鱼；小猫钓鱼——三心二意；竹笼里的鱼——挨刀的货。这折射出"鱼"在人们生活中的重要性。

鲤

鲤 lǐ 小篆写作鯉。从汉字结构来看，"鲤"为会意兼形声字，从鱼从里，里亦声。"里"本指"里边"、"内里"，引申指"水底"（与"水面"相对）。"鱼"和"里"联合起来表示"生活在水底的鱼"。李时珍在《本草纲目》里记载说："鲤鳞游十字纹理，故名鲤。鲤为诸鱼之长，形即可爱，又能神变，乃至飞越江湖，所以仙人琴高乘之。"

鲤，在汉语里又俗称鲤拐子、毛子等，隶属于鲤科。鲤鱼的身体侧扁而腹部圆，嘴呈马蹄形，有 2 对须；背鳍基部较长，背鳍和臀鳍均有一根粗壮的、带锯齿的硬棘；体侧为金黄色，尾鳍下叶为橙红色。鲤鱼属底层鱼类，多栖息于土质松软、水草丛生的水体；冬季游动迟缓，在深水底层越冬；是以食底栖动物为主的杂食性鱼类，多食螺、蚌、蚬和水生昆虫的幼虫等底栖动物，也吃相当数量的高等植物和丝状藻类。鲤鱼的性成熟年龄在我国一般南早北迟，通常 2 龄成熟，产卵季节也有地区差异，一般于清明前后在河湾或湖泊水草丛生的地方繁殖，它们分批产卵，卵黏性强，黏附于水草上发育。鲤鱼适应性强，具有耐寒、耐碱、耐缺氧的特点，可在各种水域中生活。鲤为广布性鱼类，个体较大，生长较快，为淡水鱼中总产量最高的一种。

"鲤"文化在中国文化中占有相当重要的地位。因鲤鱼不仅味道鲜美，又长得漂亮好看，所以被中国古人神化。首先在民间流传着很多关于它的传说，著名的如"鲤鱼跳龙门"，用来形容普通人家的孩子通过科举考试，有了出头之日，就好像常年生活在水底的鲤鱼一朝跃出水面那样非同寻常。在古代，孩子在家人迎接贵客到访的队列里总是站在最后边，站在里屋门前，就好像生活在水底的鲤鱼，所以叫作"童"。"童"字从立从里，意为"站立在最里边"。因此，"鲤"和"童"两个字中的"里"是一个意思，所以才有了"鲤鱼跳龙门"的比喻。

另外还有王祥卧冰求鲤的故事。晋干宝在《搜神记》第十一卷记载："母常欲生鱼，时天寒冰冻，祥解衣，将剖冰求之，冰忽自解，双鲤跃出。"故事讲的是一个叫王祥的琅琊人，生母早丧，继母朱氏多次在他父亲面前说他的坏话，使他失去父爱。父母患病，他衣不解带侍候，继母想吃活鲤鱼，适值天寒地冻，他解开衣服卧在冰上，冰忽然自行融化，跃出两条鲤鱼。继母吃完后病愈。

中国古代还用"鲤鱼"、"双鲤"、"尺鲤"、"素鲤"或"鲤书"比作书信。来源于秦汉时期的乐府诗集《饮马长城窟行》，书中记载了秦始皇修长城、强征大量男丁服役而造成妻离子散的悲剧，其中有一首五言诗写道："客从远方来，遗我双鲤鱼；呼儿烹鲤鱼，中有尺素书。"这首诗中的"双鲤鱼"，不是真的指两条鲤鱼，而是指用两块板拼起来的一条木刻鲤鱼，中间夹着书信。"呼儿烹鲤鱼"，这里"鲤鱼"借指鲤鱼形的木盒。例如骆宾王的《夏日夜忆张二》："烹鲤无尺素，笺鱼劳寸心。"这种鲤鱼形的信封一直沿袭到唐代，后来"双鲤"就成为书信的代称。如李商隐的《寄令狐郎中》："嵩云秦树久离居，双鲤迢迢一纸书。"李冶的《结素鱼贻友人》："尺素如残雪，结为双鲤鱼。欲知心里事，看取腹中书。"杜甫《寄高三十五詹事》："天上多鸿雁，池中足鲤鱼。相看过半百，不寄一行书。"

我国古代还把鲤鱼看作勤劳、善良、坚贞、吉祥的象征。在我国传统年画中，鲤鱼的形象很是受人喜爱。如"鲤鱼跳龙门"、"年年有余（鱼）"、"富贵有余（鱼）"等画面上的鱼，基本上都是鲤鱼；生活在黑龙江沿江地区的居民每年春天吃的开江鱼，买的多是鲤鱼；为图吉利，在除夕的年夜饭里，上桌的整条鱼多数也用鲤鱼，人们把对美好生活的向往与鲤鱼紧紧联系在一起了。

传说，孔子的儿子名叫孔鲤，因为儿子出生时，刚好有人送来鲤鱼，因此，孔子就以"鲤"作为孩子的名字。中国人偏爱鲤鱼由此也可见一斑。

我国古代也有无数文人墨客在诗词中留下了盛赞鲤鱼的句子，如岑参《热海行·送崔侍御还京》："海上众鸟不敢飞，中有鲤鱼长且肥。"戴叔伦《兰溪棹歌》："兰溪三日桃花雨，半夜鲤鱼来上滩。"白居易《渭上偶钓》："渭水如镜色，中有鲤与鲂。偶持一竿竹，悬钓在其傍。"李涉《春山三朅来》："我今无事亦如此，赤鲤忽到长竿头。泛泛随波凡几里，碧莎如烟沙似砥。"

汉语中，用"鲤"构成的成语有鲤鱼跳龙门、枭鳌脍鲤、鸿消鲤息等。跟"鲤"有关的谚语有：要吃辣子栽辣秧，想吃鲤鱼走长江；湖里游着大鲤鱼，不如桌上小鲫鱼；鲤鱼不满斤，好像白菜根；天上鲤鱼斑，明日晒谷不用翻。歇后语：刚逮住的鲤鱼——活蹦乱跳；干塘里的鲤鱼——没有几天蹦头/蹦跶不了几天；鲤鱼跳龙门——高升；虾子钓鲤鱼——以小取大；鲤鱼吞秤砣——铁了心；鲤鱼吃水——吞吞吐吐；鲤鱼产卵——一撒一大片；鲤鱼剖腹——开心；秋天的鲤鱼——可肥了。

鲫

鲫 jì 小篆写作鰂。"鲫"为左右结构的形声字，左形右声。"鱼"表意，表示鲫是鱼名；"即"表声，而即的本义是就食，表示鲫鱼可食用。李时珍在《本草纲目》里记载："陆佃《埤雅》云：鲫鱼旅行，以相附也，故谓之鲫；以相附也，故谓之鲋。"这从鲫鱼的群聚习性方面说明了"鲫"命名的缘由。

鲫是鱼类的一种，属于鲤形目鲤科鲤亚科鲫属。中国民间俗称：喜头、鲫拐子（湖北），鲫瓜子（东北），河鲫鱼（上海），月鲫仔（广东）。古时又称鲋、寒鲋。鲫鱼的体侧扁而高，腹部圆，头较小，吻钝，口端位呈弧形；眼比较大，无须；体呈银灰色，背部较暗，鳍灰。因生存的环境不同，形体与颜色也有所差异。是内陆江河湖塘分布最广的野生鱼种，家养的很少。鲫鱼的家族庞大，有银灰鲫鱼、银鲫鱼、百鲫鱼、彩色鲫鱼、金鲫鱼、乌鲫鱼等多个品种。鲫鱼的主要特征有：栖息于水的下层，喜欢清洁水域和水草；文静而胆小；属杂食性，荤素都吃，以荤为主；喜温暖，惧酷热，怕强光；喜活水；喜欢群集，生长比较缓慢，繁殖能力很强等。

描写"鲫鱼"的诗也是中国古典诗歌园地的重要一员，著名的如宋朝梅尧臣的《戏酬高员外鲫鱼》："天池鲫鱼长一尺，鳞光鬣动杨枝磔。西城隐吏江东客，昼日驰来夺炎赫。冷气射屋汗收额，便教斫脍倾大白。我所共乐仲与伯，羡君赴约笑哑哑。持扇已见飞鸢翮，欲往从之云雾隔。"

汉语中，由"鲫"构成的成语有"过江之鲫"，指的是西晋灭亡时，中原纷乱，中原名士纷纷来到江南避乱，遂有"过江名士多于鲫"的诗句。后用以形容赶时髦的人很多，但多含有盲目跟风之意。歇后语有：鲫鱼下油锅——死不瞑目；鲫鱼找鲫鱼——物以类聚；鲫瓜子游水——摇头摆尾；鲫鱼得水——活蹦乱跳；鲫鱼喂猫儿——舍不得；脱钩的鲫鱼——不再上当。

鲈

鲈 lú　"鲈"的小篆写作鱸。"鲈"为左形右声的形声字。"鱼"表意，其古文字形体像条鱼；"卢"表声，"卢"是"炉"的本字，表示鲈鱼是可煮食的。明朝李时珍在《本草纲目·鳞三·鲈鱼》中这样描写：

"鲈出吴中，淞江尤盛。四五月方出，长仅数寸，状微似鳜而色白，有黑点，巨口细鳞，有四鳃。""卢"有黑色的意思，因鲈鱼身上有黑斑，因而得名。

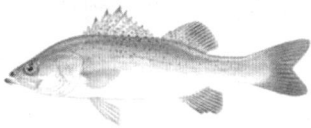

中国共有四种鱼被称为鲈鱼，它们分别是：海鲈鱼，学名日本真鲈，分布于近海及河口海水与淡水交汇处；松江鲈鱼，也称四鳃鲈鱼，降海型洄游鱼类，最为著名；大口黑鲈，也称加州鲈鱼，从美国引进的新品种；河鲈，也称赤鲈、五道黑，原产新疆北部地区。鲈鱼的共同特点是：口形大，下颌长于上颌。吻尖，牙细小，在两颌、犁骨及腭骨上排列成绒毛状牙带。前鳃盖骨后缘有细锯齿，隅角及下缘有钝棘。侧线完全与体背缘平行、体被细小栉鳞，皮层粗糙，鳞片不易脱落，体背侧为青灰色。腹侧为灰白色，体侧及背鳍鳍棘部散布着黑色斑点。鲈鱼秋末到河口产卵，为家常食用鱼类。鲈鱼又称花鲈、寨花、鲈板、四肋鱼等，俗称鲈鲛，与黄河鲤鱼、长江鲥鱼、太湖银鱼并称为中国"四大名鱼"。

松江鲈鱼是中国四大淡水名鱼之一，并非仅限于松江所产，据文献记载，以前在我国沿海广泛分布，但松江府的最为有名，被乾隆御赐为"江南第一名鱼"，是招待贵宾的佳肴。松江鲈鱼的头及体前部宽且平扁，向后渐细且侧扁。头大，头背面的棘和棱被皮肤所盖。口大，端位；上、下颌，犁骨和腭骨均有绒毛状细牙；眼上侧位，眼间距较狭；前鳃盖骨后缘有四棘，上棘最大，端部呈钩状，翘向后上方；鳃孔宽大；前鳃盖骨后缘游离突起似一鳃孔，故又称四鳃鲈。

在浩如烟海的古代诗词中，内容涉及鲈鱼的很多，形成了一种富有中国特色的"鲈鱼文化"。比较有名的诗歌如范仲淹《江上渔者》："江上往来人，但爱鲈鱼美。君看一叶舟，出没风波里。"南宋诗人范成大《秋日田园》："细捣橙齑有脍鱼，西风吹上四鳃鲈；雪松酥腻千丝缕，除却松江到处无。"孟浩然《与崔二十一游镜湖，寄包、贺二公》："试览镜湖物，中流见底清。不知鲈鱼味，但识鸥鸟情。"郑谷《淮上渔者》："白头波上白头翁，家逐船移浦浦风。一尺鲈鱼新钓得，儿孙吹火荻花中。"皮日休《西塞山泊渔家》："雨来莼菜流船滑，春后鲈鱼坠钓肥。西塞山前终日客，隔波相羡尽依依。"杨万里《鲈鱼》："两年三度过垂虹，每过垂虹每雪中。要与鲈鱼偿旧债，不应张翰独秋风。买来一尾那嫌少，尚有杯羹慰老穷。只是莼丝无觅处，仰天大笑笑天公。"刘兼《新回车院筵上作》："黄金蜀柳笼朱户，碧玉湘筠映绮疏。因问满筵诗酒客，锦江何处有鲈鱼。"崔颢有七绝《维扬送友还苏州》："长安南下几程途，得到邗沟吊绿芜。渚畔鲈鱼舟上钓，羡君归老向东吴。"辛弃疾的《水龙吟》中有名句："休说鲈鱼堪

脍，尽西风、季鹰归未?"白居易《寄杨六侍郎（时杨初授户部，予不赴同州)》："秋风一箸鲈鱼鲙，张翰摇头唤不回"等等。

汉语中，由"鲈"组成的成语有"莼羹鲈脍"，莼：莼菜；脍：切得很细的肉。比喻怀念故乡的心情。相传，西晋时，吴县人张翰才思敏捷，他把功名利禄看得很淡，经常与朋友外出喝酒聊天，吃莼菜羹与红脍鲈鱼。他曾到洛阳大司马府做官，见官场黑暗，不由得想起家乡的莼羹鲈脍，就毅然辞官，悄悄地回到故乡。而用"鲈鱼"构成的歇后语有：鲈鱼探虾毛——不怀好意；鲈鱼吞金鲇——我死你也活不成。

蚌

蚌 bàng　小篆写作蚌。《六书通》里的小篆写作蚌、蚌。会意字。从虫，表示蚌类似虫；从丰，有充实之意，表示蚌壳向外突出而形态饱满。明朝李时珍《本草纲目·介二·蚌》里记载："蚌与蛤同类而异形。长者通曰蚌，圆者通曰蛤，故蚌从丰，蛤从合，皆象形也。后世混称蛤蚌者非也。"

蚌是双壳纲蚌目珠蚌科无齿蚌亚科无齿蚌属贝类的通称。生活在江河湖沼里的蚌种类很多，常见的有两个大类，一类喜欢生

活在流动的河水里，另一类则喜欢
生活在水面平静的池塘里。其特点
是：壳质较薄，容易破碎；两壳膨
胀隆起，后背部有时有后翼；壳顶
宽大，略略隆起，位于背缘中部或
者前端；壳面光滑，覆盖着有同心圆的生长线或从壳顶到腹缘的
绿色放射线；胶合部较窄，没有齿；斧足比较发达；雌雄异体。
卵如在春季受精，约 2 个月可发育成钩介幼虫，排出体外。卵如
果在秋季受精，胚体在母体内越冬，次年春季发育成钩介幼虫排
出体外。钩介幼虫排出体外后，都需寄生在鱼体上，待发育成幼
蚌后，沉落水底生活。在中国，河蚌是淡水中最大的一种贝，常
被人们用来养殖珍珠，早在宋代，我国就有养殖珍珠的记载。

　　中国文化里一直流传着鹬蚌相争的寓言故事。《战国策》中
记载：苏代在来赵国的路上，经过易水的时候，看见一只蚌正张
开双壳，在河边晒太阳。这时，忽然飞来一只水鸟，伸出长长的
嘴去啄蚌的肉，蚌立刻用力合拢它的壳，把水鸟的嘴夹住了。这
时候，水鸟对蚌说："不要紧，只要今天不下雨，明天不下雨，
你就会晒死的。等你死了我再吃你的肉。"蚌不服气，它回敬水
鸟说："不要紧，只要你的嘴今天拔不出来，明天拔不出来，你
也会活不成的。咱谁吃谁的肉，还说不定呢！"它们俩争吵不休，
谁也不肯让谁。但正在它俩争吵的时候，有一个渔夫走了过来，
那渔夫毫不费力地伸手就把它俩一起捉走了。这就是"鹬蚌相

争，渔翁得利"的故事，这是一个深刻的教训，千百年来一直为中国人口口相传。这个故事告诉人们一个深刻的道理，就是：应当团结互助，而不应钩心斗角，要看清和对付共同的敌人，否则就必然会给对手造成可乘之机，让对手钻了空子，彼此都遭受灾祸。

蚌也是中国古代诗人们常常涉及的对象，如陈陶《海昌望月》："蚌蛤乘大运，含珠相对酬。"崔珏《道林寺》："明珠大贝采欲尽，蚌蛤空满赤沙湖。"邵谒《览孟东野集》："蚌死留夜光，剑折留锋铓。"李咸用《和殷衙推春霖即事》："蚌鹬徒喧竞，笙歌罢献酬。"

汉语中，"蚌"构成的成语有：蚌病成珠、蚌鹬相持、老蚌生珠、老蚌珠胎、剖蚌得珠、剖蚌求珠、鹬蚌相斗、鹬蚌相危。跟"蚌"有关的谚语：青虹白虹，晒死老蚌。歇后语有：蚌里藏珍珠——好的在里面；老鹬叮蚌面——难脱身；鸡吃闭口蚌——枉费心。

鲸

鲸 jīng　　"鲸"的小篆写作鱭。"鲸"为形声字，左形右声。"鱼"表意，表示鲸的外形像大鱼；"京"表声，同时"京"又有高大之意，表示鲸体形巨大，露出海面喷水时就像高丘。

鲸是世界上最大的哺乳动物，不属于鱼，为胎生动物。鲸的种类大致可分为须鲸、虎鲸、伪虎鲸、座头鲸等。鲸的体形很像鱼，呈梭子形状；头部比较大，眼睛比较小，尾巴呈水平鳍状，用肺来呼吸，一般以浮游生物、软体生物以及鱼类为食。鲸类动物的共同特点是体温恒定。鲸的皮肤裸露，没有体毛，仅吻部有少许刚毛，没有汗腺和皮脂腺；皮下的脂肪很厚，可以保持体温并且减轻身体在水中的比重；头骨发达，但脑颅部小，面部大，前额骨和上颌骨显著延长，形成很长的吻部。颈部不明显，颈椎有愈合现象，头与躯干直接连接。它们的眼睛都很小，没有泪腺和瞬膜，视力较差。没有外耳郭，但听觉十分灵敏，而且能感受到超声波，靠回声定位来寻找食物、联系同伴或逃避敌害。"鲸"有外鼻孔，位于头顶，俗称喷气孔，一般鼻孔位置越靠后者进化程度越高。鲸每隔一段时间必须要浮上水面来呼吸。浮出水面时，会喷出水柱。鲸睡觉时通常会找一个比较安全的地方，头朝里面，尾巴向外，围成一个圆圈，漂浮在海面上，但如果听到声音便四散逃开。鲸的祖先原先生活在陆地上，因环境变化，后来生活在靠近陆地的浅海里。又经过了很长时间的进化，鲸的前肢和尾巴渐渐成了鳍，后肢完全退化，适应了海洋的生活。

中国古代诗歌里有大量涉及描写鲸的诗句，如杜甫《短歌

行，赠王郎司直》："豫章翻风白日动，鲸鱼跋浪沧溟开。"白居
易《山中五绝句·涧中鱼》："鲸吞蛟斗波成血，深涧游鱼乐不
知。"李群玉《中秋月彩如昼寄上南海从翁侍御》："海静天高景
气殊，鲸睛失彩蚌潜珠。"苏颋《恩制尚书省僚宴昆明池同用尧
字》："雁似衔红叶，鲸疑喷海潮。"李贺《白虎行》："鲸鱼张鬣
海波沸，耕人半作征人鬼。"马戴《赠别北客》："雁关飞霰雪，
鲸海落云涛。"

汉语中，由"鲸"构成的成语有：蚕食鲸吞、鲸吸牛饮、虎
踞鲸吞、东海鲸波、蛇食鲸吞、连鳌跨鲸、鲸吞虎噬、鲸吞蛇
噬、鲸波怒浪。而"鲸"组成的谚语有：鲸吞鱼，鱼吞虾；鲸鱼
打架，殃及虾米；水再深鲸鱼不怕，山再高老虎不怕。歇后语
有：池塘里边养鲸鱼——行不通；鲸鱼的鼻子——眼朝上。

参考文献

［1］罗竹凤主编:《汉语大词典》(缩印本),上海:汉语大辞典出版社 1997 年版。

［2］(东汉)许慎:《说文解字》,北京:中华书局 1963年版。

［3］高明:《古文字类编》,北京:中华书局 1980 年版。

［4］(明)李时珍:《本草纲目》,北京:人民卫生出版社 1999 年版。

［5］中国科学院考古研究所编:《甲骨文编》,北京:中华书局 1965 年版。

［6］袁珂编著:《中国神话传说词典》,上海:上海辞书出版社 1985 年版。

［7］李海霞:《汉语动物命名研究》,成都:巴蜀书社 2002年版。

［8］王军云:《十二生肖与运程》,北京:中国商业出版社 2006 年版。

［9］王增永:《华夏文化源流考》,北京:中国社会科学出版社 2005 年版。

［10］（清）段玉裁：《说文解字注》，上海：上海古籍出版社 1988 年版。

［11］秦永洲：《中国社会风俗史》，济南：山东人民出版社 2000 年版。

［12］李湘涛主编：《珍稀野生动物大解读》，北京：北京科学技术出版社 2004 年版。

［13］何九盈等主编：《中国汉字文化大观》，北京：人民教育出版社 2009 年版。

后 记

　　还是 2012 年的春季，我有幸被暨南大学出版社杜小陆先生邀请参加由华南师范大学张玉金教授主编的《古代汉语》教材编写工作，在一次全体编辑讨论会上，杜小陆先生又提出了编辑出版一套汉字文化丛书的建议，当下就得到了大家的首肯，我也欣然接受了本书的编写任务。可我接受任务后，真正到了动手撰写时却犯难了。主要的原因是动物实在太多，又受到篇幅的限制而不能面面俱到。因此，经过反复思量，决定把本书所涉限定在为我们大家所熟悉的，或跟我们生活联系比较密切的这部分动物上。

　　汉字是表意文字，是汉族先民在长期的生产、生活过程中不断积累而创造出来的，因此，它与汉族社会、文化息息相关。汉字不仅传承着中华文化，汉字形体及其变化本身也是一种文化，是可以折射出中国古代文化诸多信息的文化载体，是中国社会的投影，是中国传统文化的活化石。所以，汉字与汉文化密切相关。从探究汉字的构字理据出发，我们就可以发现汉民族先民诸多的文化特征。这就是我们常说的汉字文化。本书就是力求揭示动物汉字所蕴含的汉文化。我们的宗旨是既要让读者获取对该汉字所涉及动物的简明的动物学知识，又要让读者获取该动物汉字所涉及的有关汉族先民的思想、观念、感情、愿望、民族精神、习俗及文学艺术。也就是力争做到知识性、实用性和趣味性相结合。尽管如此，最终可能还是与愿望有较大差距，但毕竟我们还是尽力而为之了，那就只能寄望于读者诸君的海涵了。

这部书我也是边学边写，尽管参考了很多的书籍和有关资料，但囿于个人学识的限制，错误之处在所难免，恳请专家和读者诸君批评指正。